TAX PROVISIONS

「むずかしい税法条文」攻略本

<small>税理士　　　　税理士　　　　税理士・公認会計士</small>
村木慎吾・内藤忠大・濱田康宏
<small>税理士　　　税理士</small>
岡野 訓・白井一馬
<small>著</small>

中央経済社

はじめに

　税務の専門家として，具体的な事案にあたる場合，我々が最もよりどころにするのは，条文です。その条文の意味するところは当然として，その条文がどこまでの射程距離を持ち，どこまで適用できるのかの限界を考えることが，実務家は常に問われます。そのため，当然ながら，税理士には，条文を的確に読みこなす能力が必要とされます。

　税法の条文は，複雑な経済事象に対応するため，あるいは，租税回避事案への対応が必要とされるため，複雑怪奇なものになっていることも少なくありません。

　ところが，税法の条文の読み方に特に最適化された書籍というのは，実はほとんど存在していないように思います。甚だ失礼を承知で言えば，一般的な法律条文の読み方を解説して，税法も同様ですと逃げている書籍や，わかりやすいものの，決して踏み込まない初心者向けの解説にとどまっている書籍しか，現状では存在しないように思います。あるいは，裁判例の解説を述べるにとどまり，条文解釈の顔をしながらも，実は判例解説本になっているものも見受けられるように思います。

　しかし，これらの書籍を読んだところで，税法の条文を読み解くことは，不可能と言わざるを得ません。なぜならば，これらの本には，条文を読む際に，最も大事な，趣旨の理解という視点が欠けているからです。

　例えば，所得税法36条の「収入すべき金額」が何を意味しているのかは，そ

の条文の趣旨を知らなくては理解ができません。よくある勘違いは，これを時価を指すものと解してしまうものです。趣旨がわからなければ，文字を読んだとおり，その人が勝手に理解した内容で解釈するしかありません。

税法の条文とは，本来，制度が想定した局面において生じる課税関係を律しているものですから，そのような勝手読みが許されるわけもありません。必ず，条文の想定した局面，制度趣旨を理解しなければならないはずです。

本書では，税法条文の読み方について，その入手方法から，趣旨の理解の方法まで，一通りの基礎を説明した上で，いくつかの条文について，実際の解釈方法を示しました。

本書のもう1つの大きな特色は，改正税法について，それぞれの時期にどのような対応をしていくべきかについて触れていることです。この点は，類書には存在していないものだと自負しています。

税法は毎年改正が行われることから，その都度改正についていかなくては，すぐに浦島太郎状態になってしまいます。税理士試験に合格するまでは，予備校のテキストで勉強していた税理士にとっては，このようなその後の改正への対応というのは，まさに喉から手が出るほど必要な知識ではないでしょうか。

おこがましく言わせていただければ，本書は，納税者・税理士だけでなく，課税庁で税法の条文を学ぶ方々にも参考としていただけることを目指しました。課税庁であろうが，在野であろうが，最後には条文という共通言語で語り合うことが必要であると常に考えているからです。

このように，本書は，非常に野心的な編集代表の意図を色濃く出したものですが，だからといって読みにくくなることのないように，いつもの勉強会のメ

ンバーで対談形式で著述してあります。是非，気楽に読んでいただければと思います。

　本書を作るに当たっては，中央経済社の秋山宗一氏の多大なる助言と寛容なる辛抱に大きく助けられています。『法人税の純資産』以来，いつも大変お世話になっていることに，心からの感謝を申し上げたいと思います。

　また，法務面の原稿チェックをしていただいた司法書士の北詰健太郎先生にも篤くお礼を申し上げます。

　最後に，本書を手にとってくださる方が，一人でも，税法の条文のおもしろさ，奥深さに気がついてくださることを祈念して，ペンを擱きたいと思います。

平成28年秋

著者を代表して
村　木　慎　吾

目　次

はじめに

第1部　税法条文を読むための基礎知識

1　条文を読むことがなぜ必要か ……………………………… 8
2　条文を読むための事前準備 ………………………………… 12
   1　必要な基礎知識　*12*
   2　定義の確認　*23*
   3　法令の入手　*29*
   4　規定の趣旨の把握　*34*
   5　条文の加工　*40*
   6　あてはめ　*56*

3　税制改正への取り組み方 …………………………………… 62

第2部　税法条文の読み解き方

1　法人税法 ……………………………………………………… 68
   1　法人税法2条，法人税法施行令4条の2第2項
   　　「一の者」の範囲　*68*
   2　法人税法22条　無償の役務提供　*79*
   3　法人税法34条　定期同額給与の読み方　*94*
   4　法人税法57条　欠損金の繰越し　*98*
   5　法人税法57条の2　欠損等法人の租税回避防止規定の発動事由　*111*
   6　法人税法61条の13
   　　譲渡損益調整資産の繰延損益はいつ実現するのか　*125*

目　次

  7 法人税法62条の 9
   時価評価の対象となる「非適格株式交換等」***145***

  8 法人税法64条の 4
   公益法人等が普通法人に該当することとなった場合の移行時課税の計算***150***

2 所得税法 ……………………………………………………………***157***

  1 所得税法56条 生計一関連条文の読み方***157***

  2 所得税法63条 事業廃止後の費用損失***167***

  3 所得税法161条 1 項11号
   ソフトウエアライセンスの源泉徴収の要否***177***

3 消費税法 ……………………………………………………………***184***

  1 消費税法 2 条 1 項 8 号，消費税法基本通達 5 - 2 - 1 ， 5 - 2 - 9
   消費税法における資産の譲渡***184***

  2 消費税法 9 条の 2 第 4 項 特定期間***191***

4 相続税法 ……………………………………………………………***203***

  1 相続税法19条の 2 配偶者の税額軽減と相次相続控除***203***

  2 租税特別措置法70条の 7 ，70条の 7 の 3
   非上場株式等についての贈与税・相続税の納税猶予及び免除***216***

  3 租税特別措置法70条の 7 の 5 ～70条の 7 の 7
   医療法人の相続税・贈与税納税猶予関係***230***

コラム

- 条文括弧書きのネスティング***39***
- 秀丸エディタのカラー設定***54***
- プログラムと条文との相似性***61***

```
┌─ 凡例 ─────────────────────────────────────────┐
│                                                │
│   法人税法              法法                    │
│   法人税法施行令        法令                    │
│   法人税法施行規則      法規                    │
│   法人税基本通達        法基通                  │
│   租税特別措置法        措法                    │
│   相続税法              相法                    │
│   相続税法施行令        相令                    │
│   消費税法              消法                    │
│   消費税施行令          消令                    │
│   消費税法基本通達      消基通                  │
│   国税通則法            通則法                  │
│   例）法人税法施行令第122条の14第4項第3号  法令122の14④三 │
│      他の税目は法人税法に準ずる。               │
└────────────────────────────────────────────────┘
```

第1部

税法条文を読むための基礎知識

1 条文を読むことがなぜ必要か

内藤）タイトル『「むずかしい税法条文」攻略本』のとおり，この本は，難解と思われる条文の読み方について説明するものです。ただ，そもそも，なぜ，条文を読まなくてはならないかという原点を確認しておきましょう。

白井）条文を読まなくても，今はわかりやすいテキストが数多くあり，何も条文を読まなくてもよいではないかと思っている人も少なくないでしょうね。

濱田）かつての私が典型例でしょう。税法は，計算の体系であり，計算を理解すれば，それで足りるので，条文なんて読む必要がないと思っていました。極論すれば，専門学校の個別計算問題集を解けばよいのだと。

岡野）それは結構ひどいですね。ただ，平成の時代になってからは条文にあたらず，専門学校のテキストだけで税理士試験に合格したという人が多いようですし，感覚的にはわからなくもありません。

村木）私は，受験生時代から条文を大事にしていたので，感覚的にもわからないですね。ただ，専門学校の先生は，「条文よりテキスト」と言っていたような気もします。

内藤）私も専門学校の講師だったので，気持ちはわかります。生徒を早く合格させたいので。ただ，理論も，法律を理解しておいたほうが，記憶しやすいと思っています。その意味でも，やはり，条文を基本とすべきです。

白井）では，なぜ条文を読むべきか。一番は，正しく理解するということであるのは言うまでもありません。テキストなどにする際に，どうしても，切り取

られる部分や，翻案される部分が生じてしまい，本来の条文が持っている内容が失われたり，変質してしまうことがあります。

濱田）理解するために計算式にするというのは必要だけれど，それだけではない，という意味ですね。

岡野）質疑応答や通達で取扱いが示されたとしても，訴訟によって，内容が覆ることもあります。その際に根拠となるのは，法律である条文です。その意味で，最終的な根拠は，条文以外にあり得ないことになるわけです。

村木）そうですね。専門学校のテキストに誤りがあっても，あるいは，課税庁の質疑応答や通達に誤りがあっても，それらを検証できるものは，条文しかないわけです。それが，法治国家である日本のルールというわけです。

内藤）そして，何より，条文を理解するということの一番重要な意味は，その射程距離を理解するということにあります。条文がどのような場合に適用されるのかがわからないと，間違った課税関係を生じさせることになりかねません。

白井）そうですね。税法というのは，行政による課税権の行使の根拠ですから，国民の財産に対して干渉する部分があるわけですね。その意味で，無制限に行使されてはたまったものではありません。一定の制約，限度があることが当然に必要となります。

濱田）それが，条文における要件と呼ばれるものですね。この場合にはこのような課税関係が生じる，ということを条文が規定しています。

岡野）ただ，この要件については，一般的なルールとして規定しているだけですので，どの場合に，このルールが適用されるのかが，不明確になる場合も生

じます。条文の適用範囲，射程距離はどこまであるのか，という問題があるわけです。

村木）そこで重要になるのが，条文の趣旨ということになります。条文というのは，ルールではありますが，何も理屈がなく決めごとがあるというのではありません。必ず，その条文が制定された理屈，あるいは理由というものがあるわけです。これを「制度趣旨」といいます。

内藤）立法時の趣旨は，「立法趣旨」と呼びますね。多くの場合は，立法趣旨と制度趣旨は同じですが，時代の変遷により，両者が現時点では乖離していることもあります。

白井）制度趣旨は，どのように確認すればよいかですが，課税庁の担当者が書いた書籍等で示されている場合もあります。ただ，そのようなものが存在しないこともありますし，あるいは，本当の制度趣旨を書いていないということもあります。

濱田）そのような場合に，制度趣旨を見つけるには，どうしたらよいのでしょうか。

岡野）簡単です。もし，この条文，あるいはこの制度がなかったとしたら，どのような弊害があるかを考えればよいのです。この制度があればこそ生じる法律効果があるのですから，まさにそれが制度趣旨になるわけです。

村木）条文を読んだ時に，このような制度趣旨を考える癖を付けておかなければ，本当の意味で，税法の条文を読んで，理解したことになりません。

内藤）税制改正があるたびに，制度は変わっていきます。その際に，正しく変

わった制度を理解するためには，制度趣旨から理解していく必要があります。

白井）専門学校のテキストだけで理解していると，税制改正があるたびに，知識が陳腐化するとともに，新しい制度についていけなくなってしまうのでしょうね。

濱田）以前の私がまさにそうでしたね。新しい本を買いまくるしかないのですが，どの本を見ても，答えが書いていないので，悶々とするだけでした。

岡野）その意味で，条文がすべてのスタートだということを理解することが何より大事です。そして，課税庁の通達や質疑応答も，条文を課税庁がいかに理解して，いかに適用するかの具体的な適用例を示したものとして読むべきだということになります。

村木）ただ，何よりも大事なのは，制度趣旨の探求ができる，私で言えば濱田さん，岡野さん，内藤さん，白井さん，といった仲間が必要なのでしょうね。楽しみながら，語り合える仲間がいないと，一人では限界があります。税法は毎年改正が続いていきますし，息切れせず，改正に対応していくためにも，勉強の仲間を作って議論していければ一番いいのだと思います。

2 条文を読むための事前準備

1　必要な基礎知識

ここでは，実務で税法を調べるときに必要となる基本的事項について確認します。

1）税法の種類と役割

税法の取扱いを調べるときに，どの税目がどの法令に規定され，また法令がどのように構成されているかがわからなければ，知りたいことを見つけることができません。そこで，まず，税法の全体像をみてみます。

(1) **税法の種類**

税は，国税と地方税に区分されます。国税については，所得税は所得税法，消費税は消費税法のように一税目が一税法に規定されていますが，例外的に相続税と贈与税は相続税法に規定されています。一方，地方税はすべて地方税法に規定されています。

税には，その納付すべき税額がどのように決まるとか，納税義務がいつ生じるかといったことなど，どの税目にも関係する共通事項があります。国税については，このような共通事項は各税法ではなく，国税通則法に規定しています。また，滞納された租税の徴収に関する手続として国税徴収法が用意されています。この2つの法律は税法の仲間ですが，いわゆる「税」を規定する法律ではありません。

これに対し，地方税では，国税通則法や国税徴収法に相当するものも地方税法に規定されています。

(2) 法律・政令・省令

　各税法には，政令（内閣が制定する命令）と省令（各省の大臣が制定する命令）があります。法令上，法律・政令・省令は役割分担がされているのですが，実務的には，法律で政令に委任されている事項があれば政令を見に行き，法律又は政令で省令に委任されている事項があれば省令を見に行くことになります。

　ただし，法律が政令に委任しているものの，その先の政令が用意されていないもの（空振り規定や待ち受け規定ともいいます）もありますので，必ずしも政令があるとは限らない点に注意が必要です。例えば，法人税法57条の2第6項には「前各項の規定の適用に関し必要な事項は，政令で定める。」と規定されていますが，法人税法施行令をいくら探しても，これを受けた規定は見つかりません。

　また，法人税法65条や所得税法68条のように，具体的な委任ではなく，包括的に委任している事項もあります。このようなものは，法律からたどっても見つけにくいものなので，政令に一通り目を通すことも重要といえるでしょう。

> **法人税法**
> **（各事業年度の所得の金額の計算の細目）**
> **第65条**　第2款から前款まで（所得の金額の計算）に定めるもののほか，各事業年度の所得の金額の計算に関し必要な事項は，政令で定める。

> **所得税法**
> **（各種所得の範囲及びその金額の計算の細目）**
> **第68条**　この節に定めるもののほか，各種所得の範囲及び各種所得の金額の計算に関し必要な事項は，政令で定める。

(3) 一般法と特別法

　法律には「特別法優先の原理」というものがあります。これは，ある事例について適用される法律（規定）が複数ある場合には，特別法が一般法に優先されるというものです。所得税法や法人税法と租税特別措置法の関係では，所得税法や法人税法が一般法で，租税特別措置法が特別法となります。

〔法律が特別法となるもの〕

租税特別措置法
(趣旨)
第1条 この法律は，当分の間，所得税，法人税，地方法人税，相続税，贈与税，地価税，登録免許税，消費税，酒税，たばこ税，揮発油税，地方揮発油税，石油石炭税，航空機燃料税，自動車重量税，印紙税その他の内国税を軽減し，若しくは免除し，若しくは還付し，又はこれらの税に係る納税義務，課税標準若しくは税額の計算，申告書の提出期限若しくは徴収につき，所得税法（昭和40年法律第33号），法人税法（昭和40年法律第34号），地方法人税法（平成26年法律第11号），相続税法（昭和25年法律第73号），地価税法（平成3年法律第69号），登録免許税法（昭和42年法律第35号），消費税法（昭和63年法律第108号），酒税法（昭和28年法律第6号），たばこ税法（昭和59年法律第72号），揮発油税法（昭和32年法律第55号），地方揮発油税法（昭和30年法律第104号），石油石炭税法（昭和53年法律第25号），航空機燃料税法（昭和47年法律第7号），自動車重量税法（昭和46年法律第89号），印紙税法（昭和42年法律第23号），国税通則法（昭和37年法律第66号）及び国税徴収法（昭和34年法律第147号）の特例を設けることについて規定するものとする。

所得税法や法人税法は常に一般法ではなく，特別法として位置づけられる場合もあります。例えば，国税通則法23条に対して所得税法152条の更正の請求の特則がそうです。

〔規定が特別法となるもの〕

国税通則法
(更正の請求)
第23条 納税申告書を提出した者は，次の各号のいずれかに該当する場合には，当該申告書に係る国税の法定申告期限から5年（第2号に掲げる場合のうち法人税に係る場合については，9年）以内に限り，税務署長に対し，その申告に係る課税標準等又は税額等（当該課税標準等又は税額等に関し次条又は第26条（再更正）の規定による更正（以下この条において「更正」という。）があつた場合には，当該更正後の課税標準等又は税額等）につき更正をすべき旨の請求をすることができる。

(略)

所得税法
(各種所得の金額に異動を生じた場合の更正の請求の特例)
第152条 確定申告書を提出し,又は決定を受けた居住者(その相続人を含む。)は,当該申告書又は決定に係る年分の各種所得の金額につき第63条(事業を廃止した場合の必要経費の特例)又は第64条(資産の譲渡代金が回収不能となつた場合等の所得計算の特例)に規定する事実その他これに準ずる政令で定める事実が生じたことにより,国税通則法第23条第1項各号(更正の請求)の事由が生じたときは,当該事実が生じた日の翌日から2月以内に限り,税務署長に対し,(略),同法第23条第1項の規定による更正の請求をすることができる。(略)

このように,一般法と特別法との関係は法律単位だけでなく,規定の内容で判断されることもあります。

なお,法律間の優先順位を決めるために,後に制定された法律が前に制定された法律に優先して適用される「後法優先の原理」というものもありますが,税法ではあまり目にすることはありません。これは,ただでさえ一税目に対して適用法令が複数あり,また頻繁な改正により複雑化しているのに,さらに法律(規定)の制定前後に気を配らないといけないこととすると,より複雑化してしまうからでしょう。

【税理士業務で使う主な税法】

	国税通則法	同法施行令	同法施行規則
	国税徴収法	同法施行令	同法施行規則
	所得税法	同法施行令	同法施行規則
	法人税法	同法施行令	同法施行規則
	相続税法	同法施行令	同法施行規則
	消費税法	同法施行令	同法施行規則
	租税特別措置法	同法施行令	同法施行規則
	災害被害者に対する租税の減免，徴収猶予等に関する法律	同法の施行に関する政令	
	東日本大震災の被災者等に係る国税関係法律の臨時特例に関する法律	同法施行令	同法施行規則
	租税条約等の実施に伴う所得税法，法人税法及び地方税法の特例等に関する法律	同法施行令	同法施行規則
	地方税法	同法施行令	同法施行規則

(4) 法律の構成

　申告納税方式の税目に係る税法は，大まかに，本則と附則から構成され，本則は，総則，税額計算，申告・納付手続，雑則，罰則により構成されています。

　総則には，その税法の中で使われる用語の定義，納税義務者，課税物件など，その税法の基本的事項が規定されています。

　税額計算は，課税標準や税額の計算方法が規定されています。税理士にとって使う機会の多い部分です。申告・納付手続は，申告義務，申告期限など申告納税義務の履行に関する事項が規定されています。

　雑則は，それまでに規定されていなかった事項に関することが規定されていますが，重要性が低いわけではありません。例えば，所得税法の雑則には，実務で登場する支払調書や源泉徴収票の提出等に関する事項が規定されています。

　罰則は，その税法に違反した場合の罰則が規定されています。実務でお目にかかることは滅多にありませんが，納税者から，「これに違反したらどうなるのですか。」と問われたときにここを調べます。

　本則の次に，附則が置かれています。附則は，法律を構成する一部分です。

名称からすると付録のようで重要性が低いように感じるかもしれませんが，決してそのようなことはなく，実務上は，本則と同等に，そして法改正時には本則以上に重要性を持ちます。

2）附　則

(1)　附則の役割と重要性

附則におかれる事項には次のものがあります。
① 　施行期日に関する規定
② 　経過措置に関する規定
・新旧法令の適用関係に関する規定
・従来の法令による行為の効力に関する規定
・従来における一定の状態を新規制定の法令が容認する場合の規定
③ 　既存の他の法令等の一部改正に関する規定

我が国においては，既存の法令を改正する場合には，「（既存の法令名）を改正する法律（政令・省令）」により既存の法令を書き換える上書き方式を採用しています。

例えば，現行の所得税法は昭和40年３月31日法律第33号として，制定され，その後，「所得税法の一部を改正する法律」などの改正法により，現在まで書き換えられてきています。ですから，法律名は，今でも所得税法（昭和40年３月31日法律第33号）です。

ちなみに，平成28年度改正による所得税法や法人税法の改正は，「所得税法等の一部を改正する法律（平成28年３月31日法律第15号）」により書き換えられます。

〔平成28年度税制改正に係る所得税法等の一部を改正する法律（抜粋）〕

平成28年３月31日
法律第15号
所得税法等の一部を改正する法律

(所得税法の一部改正)
第1条 所得税法（昭和40年法律第33号）の一部を次のように改正する。

　目次中「修正申告の特例（第151条の2）」を「期限後申告及び修正申告等の特例（第151条の2―第151条の6）」に、「第153条の5」を「第153条の6」に改め、「第2款の2　修正申告の特例（第166条の3）」を削る。

　第2条第1項第23号中「年年」を「年々」に改め、同項第35号中「こえ，」を「超え，」に、「こえる」を「超える」に改め、同項第36号中「（非居住者に対する準用）」を「（申告，納付及び還付）」に改め、同項第38号中「（期限後申告書）」を「（期限後申告）」に改め、同項第39号中「（修正申告書）」を「（修正申告）」に改め、同項第44号中「効力）」の下に「，第151条の4（相続により取得した有価証券等の取得費の額に変更があつた場合等の修正申告の特例）」を加える。

　改正法により書き換えられる前の条文や字句は消滅することになりますが、書換え前の事項について効果を残すために経過措置が設けられます。

　書換えをしても、その効力が生ずるのが将来であれば、書き換えられる部分の施行期日が経過措置に記載されることになります。詳しくは、「改正法への対応」をご覧いただきたいのですが、ここでは、附則には実務上重要なことが記載されているということを覚えておいてください。

(2) 地方税法の附則

　地方税を勉強されている方から、「租税特別措置法に地方税の取扱いはないのでしょうか」との話を聞くことがあります。

　実は地方税は国税と違い、地方税の租税特別措置法に相当するものは、地方税法の附則に規定されています。そのため、国税と比べ附則の分量が非常に多く、探したいものが見つかりにくくなっています。

　ちなみに、地方税法制定時の附則の1条から3条までが旧地方税法との調整規定、3条の2から57条までが特別措置に相当するものです。そして、その後から地方税法改正に伴う附則の内容になります。

【税法の一般的な構成と地方税法の附則】

本則	総則	地方税法の附則
	税額計算	1条～3条
	雑則	旧地方税法との調整規定が置かれている。
	罰則	3条の2～57条
附則	法制定時の附則	特別措置に関する規定が置かれている。
	法改正に関する附則	法改正に関する施行期日，経過措置等に関する規定が置かれている。

（注）地方税法の本則は上記と異なります。

3）条　例

　地方税の課税権は，地方税法2条により国が賦与しています。この課税権は法律で一定の枠を設けていますが，各地方公共団体は，その枠内で課税することができるようになっています。

　実際に課税をするためには，課税する「その地方税の税目，課税客体，課税標準，税率その他賦課徴収について定をするには，当該地方公共団体の条例によらなければならない。」こととされ（地方税法3①），具体的な課税については，当該地方公共団体の条例を確認する必要があります。

　特に，税率は標準税率か制限税率以下の税率かの違いがありますので，条例といわなくても，地方公共団体から交付される申告の手引きはよく目を通す必要があります。

　なお，最近はインターネットで条例を公開している地方公共団体がほとんどですから，条例の入手に困ることはまずありません。条例の検索は，「洋々亭自治体Web例規集へのリンク集」がまとまっていて非常に便利です（http://www.hi-ho.ne.jp/tomita/reikidb/reikilink.htm）。

4）通達・情報・事例等

　国税庁のホームページには，通達のほか，情報，文書回答事例，質疑応答事例などの情報が多数掲載されています。また，総務省のホームページには，地方税の通達などの情報が掲載されています。

　これらの情報は，税務実務を行う上で非常に有益なものですので，調べ物をする際に，必ず目を通したいものです。

(1) 通　達

　通達は，国税庁長官又は国税局長が，下部機関や職員に対して発する職務上の命令（国家行政組織法14②）ですので，法律のような拘束力はありません。つまり，税務職員は立場上，この通達に従った処理をしなければなりませんが，納税者はこの通達に縛られることはないのです。しかし，税務の現場では税務署は通達に従い税務行政を執り行いますので，納税者としては通達の内容と違った申告をするのにはそれなりの理由が必要となることから，一般的には通達に従った申告をすることになります。

　通達は，法令解釈通達と事務運営指針の2つに分類されます。

　法令解釈通達は，税法の解釈に関する通達です。法令解釈通達は，各税法の基本的に重要な事項を網羅的に定めた基本通達と，税法上の取扱いを個々に定めた個別通達があります。

　「事務運営指針」は，国税庁長官が国税局長・沖縄国税事務所長に対して税務行政の執行について通知したもので，例えば，加算税の賦課に関する取扱基準や青色申告の承認の取消しに関する取扱基準などが示されています。

(2) 情　報

　国税庁のホームページにある「情報」は，他の行政機関からの照会に対する回答や通達の趣旨説明など，税務行政の執務の参考にするためのものという位置づけで，公開されているものは誰でも閲覧できます。

【情報の例】

- 個人課税課情報第7号
  平成27年度税制改正に伴う所得税基本通達の主な改正事項について（情報）
- 資産評価企画官情報第2号
  類似業種比準価額計算上の業種目及び類似業種の株価等計算方法等について（情報）
- 平成27年6月30日付課法2－8ほか1課共同「法人税基本通達等の一部改正について」（法令解釈通達）の趣旨説明

(3) 文書回答事例

　国税庁は，納税者や同業者団体等から，事前に，取引等に係る税務上の取扱いに関して文書による回答を求める旨の申出があった場合に，一定の要件の下に，文書により回答するとともに，他の納税者の予測可能性の向上に役立てるために，その照会及び回答の内容を公表するという納税者サービスを行っています。

　これに基づき公表されたものを「文書回答事例」といいます。文書回答事例は，個別性の強いものが多いのですが，法令の解釈の参考になるものもあります。ただし，「照会において前提とされた事実関係や照会当時に施行されていた法令に基づいて回答を行ったものですから，照会と事実関係などが異なる場合はもちろん，類似の事例であっても取扱いが異なる場合があることにご留意ください。」との記載がされているとおり，類似の事例へのあてはめには注意が必要です。

(4) 質疑応答事例

　納税者からの照会に対して過去に回答した事例等のうち，他の納税者の参考となるものを「質疑応答事例」として公表しています。法令や通達の具体的例が示されているものもあり，実務上非常に有用な資料となります。

(5) 地方税の通達

　地方税に関する通達は依命通達といわれ，行政官庁の命により，その補助機関が発する通達です。国税局・税務署は国税庁の下部組織ですが，総務省の自治税務局がその下部組織でない地方公共団体に対して発する点が異なります。

　地方税の依命通達は市販の条文集に掲載されていましたが，最近は総務省のホームページでも公開されています。

地方税法の施行に関する取扱いについて（道府県税関係）
　http://www.soumu.go.jp/main_sosiki/jichi_zeisei/czaisei/czaisei_seido/ichiran13/pdf/ichiran13_02-01.pdf

地方税法の施行に関する取扱いについて（市町村税関係）
　http://www.soumu.go.jp/main_sosiki/jichi_zeisei/czaisei/czaisei_seido/ichiran13/pdf/ichiran13_02-02.pdf

---

　なお，これらの通達の他に，通知と呼ばれるものもあります。国税でいえば，個別通達に相当するようなものであり，これについては公表されてないものも多いようで，必ずしもホームページで知ることができないものもあるようです。

2 定義の確認

1）定義の存在場所

　条文を読む上で，最も重要なことの1つが，定義の確認です。ある条文上の用語がどのような意味を持ち，そしてその適用範囲がどこまでなのかをしっかりと認識しておかなければ，正しい条文解釈はできません。定義の仕方は次の2パターンです。

(1) 法令の最初（2条）に規定されるもの

　税法をはじめ，最近の法令は，その法令の中で重要度の高い用語は2条で定義し，法令全体で適用されます。

> 所得税法，法人税法など
> （定義）
> 第2条　この法律において，次の各号に掲げる用語の意義は，当該各号に定めるところによる。
> 　（注）以下，用語の定義が列挙される。

　相続税法は昭和40年に全面改定された所得税法や法人税法と違い，昭和25年の法律が土台となっています。定義を後から追加したため，相続税法の定義は1条の2となっています。
　租税特別措置法は複数の税目の特例措置が税法単位で規定されているので，税目単位（章単位）でその税目に適用される用語を定義しています。

(2) 条文中に規定されるもの

　(1)以外の定義は条文中の**括弧書き**を使ってされます。

> 租税特別措置法
> （在外財産等についての相続税の課税価格の計算の特例）
> 第69条の2　相続又は遺贈（**贈与をした者の死亡により効力を生ずる贈与を含む。**

以下第70条の8の2までにおいて同じ。）により取得した財産のうちに昭和20年8月15日において相続税法の施行地外にあつた財産その他財務省令で定める財産（以下この条及び次条において<u>「在外財産等」</u>という。）がある場合には，……。

法人税法施行令第8条第1項
　二十　当該法人（<u>内国法人に限る。</u>）が法第24条第1項各号に掲げる事由（<u>法第61条の2第2項の規定の適用がある合併及び同条第4項に規定する金銭等不交付分割型分割を除く。以下この号及び第6項において</u><u>「みなし配当事由」</u>という。）により……

２）定義が適用される範囲

　定義については，その内容とともに，その定義が使われる<u>範囲（適用範囲）</u>について確認が必要です。

　２条に定義されているものはその法律の中で適用される旨が規定されていますが，条文中に定義されているものはその条文中で定められている範囲に限られます。

法人税法
（事業年度の意義）
第13条　<u>この法律において</u><u>「事業年度」</u>とは，法人の財産及び損益の計算の単位となる期間（<u>以下この章において</u><u>「会計期間」</u>という。）で，法令で定めるもの又は法人の定款，寄附行為，規則，規約その他これらに準ずるもの（<u>以下この章において</u><u>「定款等」</u>という。）に定めるものをいい，（略）。

相続税法
（相続税の課税）
第11条　相続税は，この節及び第3節に定めるところにより，相続又は遺贈により財産を取得した者の被相続人からこれらの事由により財産を取得したすべての者に係る相続税の総額（<u>以下この節及び第3節において</u><u>「相続税の総額」</u>という。）を計算し，当該相続税の総額を基礎としてそれぞれこれらの事由により財産を取得した者に係る相続税額として計算した金額により，課する。

　ただし，2条以外の場所に置かれている定義であっても，法令全体で適用さ

れるものもあります。

消費税法
（課税期間）
第19条　この法律において「課税期間」とは，次の各号に掲げる事業者の区分に応じ当該各号に定める期間とする。

　用語の定義の適用範囲は，基本的にその定められている法令内に限られます。たとえ同じ用語又は似たような用語が違う法令で使われていてもその意味するものが違うことがありますので，勝手な思い込みは誤りの元になります。
　例えば，法人税法おける「確定申告書」と租税特別措置法第3章（法人税法の特例）における「確定申告書等」とは，仮決算による中間申告書を含むかどうかが異なります。

法人税法
第2条
　　三十一　確定申告書　第74条第1項（確定申告）又は第144条の6第1項若しくは第2項（確定申告）の規定による申告書（当該申告書に係る期限後申告書を含む。）をいう。

租税特別措置法
第2条
2　第3章において，次の各号に掲げる用語の意義は，当該各号に定めるところによる。
　　二十七　確定申告書等　法人税法第2条第30号に規定する中間申告書で同法第72条第1項各号に掲げる事項を記載したもの及び同法第144条の4第1項各号又は第2項各号に掲げる事項を記載したもの並びに同法第2条第31号に規定する確定申告書をいう。

3）他の法令や条文で規定されている定義を使う場合（明示されているもの）

　条文中に他の法令や他の条文で定義されている用語が登場することがあります。このような用語については，参照元の法令や条文で定義を確認する必要が

あります。

所得税法
（配当等とみなす金額）
第25条 法人（法人税法第２条第６号（定義）に規定する公益法人等及び人格のない社団等を除く。以下この項において同じ。）の株主等が当該法人の次に掲げる事由により金銭その他の資産の交付を受けた場合において，その金銭の額及び金銭以外の資産の価額（同条第12号の15に規定する適格現物分配に係る資産にあつては，当該法人のその交付の直前の当該資産の帳簿価額に相当する金額）の合計額が当該法人の同条第16号に規定する資本金等の額又は同条第17号の２に規定する連結個別資本金等の額のうちその交付の基因となつた当該法人の株式又は出資に対応する部分の金額を超えるときは，この法律の規定の適用については，その超える部分の金額に係る金銭その他の資産は，前条第１項に規定する剰余金の配当，利益の配当，剰余金の分配又は金銭の分配とみなす。
一　当該法人の合併（法人課税信託に係る信託の併合を含むものとし，法人税法第２条第12号の８に規定する適格合併を除く。）
二　当該法人の分割型分割（法人税法第２条第12号の12に規定する適格分割型分割を除く。）

（配偶者特別控除）
第83条の２　居住者が生計を一にする配偶者（他の居住者の扶養親族とされる者並びに第57条第１項（事業に専従する親族がある場合の必要経費の特例等）に規定する青色事業専従者に該当するもので同項に規定する給与の支払を受けるもの及び同条第３項に規定する事業専従者に該当するものを除くものとし，第２条第１項第30号（定義）に規定する合計所得金額（以下この項及び次項において「合計所得金額」という。）が76万円未満であるものに限る。）で控除対象配偶者に該当しないものを有する場合には，（略）。

4）他の法令で規定されている定義を使う場合（明示されていないもの）

　法令は国語辞典ではありませんので，法令で使用する用語のすべてをその法令内で定義することはできません。ですから，一般的な解釈により意味がわかるものについては定義されていません。

　また，他の法令で使われている用語で，それが一般的に使われるものについても定義されません。例えば，法人税法において「会社」という用語は定義されていませんが，会社法には会社の定義が設けられていますので，法人税法において「会社」とは，株式会社，合名会社，合資会社又は合同会社のことを意味します。この解釈により，税理士法人は同族会社に該当しないことになるのです。

法人税法
第2条　この法律において，次の各号に掲げる用語の意義は，当該各号に定めるところによる。
　十　同族会社　会社（**投資法人を含む。以下この号において同じ。**）の株主等（略）の3人以下並びにこれらと政令で定める特殊の関係のある個人及び法人がその会社の発行済株式又は出資（**その会社が有する自己の株式又は出資を除く。**）の総数又は総額の100分の50を超える数又は金額の株式又は出資を有する場合その他政令で定める場合におけるその会社をいう。

会社法
第2条　この法律において，次の各号に掲げる用語の意義は，当該各号に定めるところによる。
　一　会社　株式会社，合名会社，合資会社又は合同会社をいう。

　「親族」という用語も頻繁に出てきますが，これも税法に定義がありませんので，民法で規定されている内容に従うことになります。

> **民法**
> **第725条** 次に掲げる者は、親族とする。
>   一　6親等内の血族
>   二　配偶者
>   三　3親等内の姻族

　また、所得税法や相続税法で「住所」という用語が使われていますが、これも民法の規定を使います。

> **民法**
> **第22条**　各人の生活の本拠をその者の住所とする。

5）専ら解釈にゆだねられる用語

　前記2）でも少し触れましたが、同じ用語が違う税法で使われている場合に、これを同一の意味を持つと判断することは危険です。例えば、所得税法と消費税法にはともに「事業」という用語が使われていますが、その意味するものは異なります。しかし、両税法において「事業」について定義は設けられていませんので解釈によることになります。

　ここでは、所得税法上の「事業」の定義の詳細に深入りはしませんが、一般的に、所得税法における「事業」は、営利を目的とした継続的行為（業務）のうち社会通念に照らして「事業として行われているもの」をいうのに対し、消費税法における「事業」は、対価を得て行われる資産の譲渡及び貸付け並びに役務の提供が反復、継続、独立して行われているものをいいます（消基通5－1－1）。

6）用語の定義の見つけ方

　ある用語についてその法令内に定義があるかどうかは、条文を通読すればわかりますが、実務をこなすことで精一杯の時はそのような余裕はないでしょう。このような場合は、法令のテキストデータを取得し、そのすべてをテキストエディタに貼り付け、検索をしてください。検索結果を参照すれば、定義の存在がわかります。

3 法令の入手

1）法令の入手方法

　現行の法令を入手する手段として，インターネットを利用する方法と，出版物（書籍）を利用する方法があります。一昔前までは出版社の書籍しか選択肢がなかったのですが，書籍の場合は出版後の改正が反映されません。アナログデータであることからコンピューターで検索したり加工したりできません。

　もちろん，一覧性に優れている，条文を探しやすいなどのメリットもあります。しかし，本書では，加工のしやすさ，法改正の反映の早さなどに優位なインターネットを利用する方法を紹介します。

(1) 法令データ提供システム

　インターネット上で法令を提供しているものといえば，まず，電子政府の総合窓口e-Govの「法令データ提供システム」（http://law.e-gov.go.jp/cgi-bin/idxsearch.cgi）が挙げられます。

　こちらの法令データは，「総務省行政管理局が官報を基に，施行期日を迎えた一部改正法令等を被改正法令へ溶け込ます等により整備を行」っているもので，基本的に毎月下旬その月の1日現在の施行法令に更新されています。

　ただし，年度初め前の3月末には税法をはじめ多くの法令が成立し，更新作業が多くなるからでしょうか，4月1日に施行される法令については5月又は6月にずれ込むことがあります。

　法令データ提供システムは，国が運営していることから，無料で使うことができますが，民間の有料のデータベースと比べると使い勝手に劣る部分があります。それは，法令データ提供システムが現行の法令（現在の時点で施行されている法令）を表示するという，制約がある仕様だからといえます。

　例えば，過去法令（改正によって削除等された条文）は見ることができません。法令データ提供システムは，現行の法令に書き換えてしまうからです（(3)

参照)。

　また，未施行法令（条文）は将来施行されるものなので現行法令として表示することはできません。その法令に未施行の箇所がある場合には，法令の最初に未施行法令として改正内容へのリンクが張られています。このリンクはその法令の改正法で未施行部分になりますので，自分で条文を書き換える作業が必要となります。

　なお，近年は，改正法施行時期が改正法成立後半年から1年以上先になっているものが多くなってきており，改正後の条文を手間をかけずに読みたいと思うことが増えてきています。

(2) 民間の法令データベース

　民間の法令データベースは，有料であったり，税務情報誌の定期購読者専用であったりするものが一般的です。また，提供されている法令の範囲は各社によって異なります。税務関係のデータベースでは，所得税法，法人税法や租税特別措置法など基本的な税法はカバーしていますが，租税条約に関する法令や，事業承継税制で使用する中小企業における経営の承継の円滑化に関する法律が収録されていなかったりしますので，使いたい法令が収録されているか確認をする必要があります。

　民間の法令データベースでおすすめなのは，第一法規株式会社が提供している「D1-Law.com税務・会計法規」です。

　この法令データベースの特徴は，「任意の日付けを指定（時点指定）すれば，過去・現在・未来（未施行状態）いずれの時点であっても，その時点で有効な条文を瞬時に再生します」との謳い文句のとおり，過去の法令や未施行法令が表示できるということです。また，各条文に関係した政令，省令それに通達を表示できるのも有料ならではといえます。改正法への対応も割合早く，月1回の法令データ提供システムと比べると優位性があります。

　ほかに法令を提供しているものとしては，税務通信でおなじみの税務研究会が提供するデータベース（有料会員が利用可能）やT&AMaster読者が無料

で使える新日本法規出版のデータベースがあります。

　なお，最近は紙の税務法令の購入者向けサービスとして，ウェブ上で法令を閲覧できるサービスも提供しているようです。

２）改正法データの作成

　税制改正の正確な内容をより早く入手する必要がある場合，どのような手段があるでしょうか。これは，先に書いたとおり，第一法規のデータベースを使えば解決する問題ですが，どうしても費用をかけずに入手するとなると，法令データ提供システムのデータを使わざるを得ないでしょう。

　そこで，ここからは，法令データ提供システムの法令を使って改正法を反映した法令の作り方について説明します。

　例えば，平成29年度税制改正を反映した条文をつくることをしてみましょう。用意をするものは，①現行法令（法令データ提供システムのデータ），②①の未施行法令，③平成29年税制改正の改正法（改正法成立前は改正法案）です。繰り返しになりますが，法令データ提供システムのデータは，一定時点の施行されているものになりますので，例えば平成28年度改正で施行時期が平成29年10月１日となっている改正項目は，平成29年９月30日以前には反映していません。この部分については，法令データ提供システムの各法令の先頭部分の右側に（未施行）として，改正法別にリンクが張られていますので，この情報を使って改正後の条文に書き換えます。

```
消費税法
(昭和六十三年十二月三十日法律第百八号)

                                最終改正:平成二八年五月一八日法律第四〇号

(最終改正までの未施行法令)
平成二十四年八月二十二日法律第六十八号   (一部未施行)
平成二十八年三月三十一日法律第十三号         (未施行)
平成二十八年三月三十一日法律第十五号     (一部未施行)
平成二十八年三月三十一日法律第十六号         (未施行)
平成二十八年五月十八日法律第三十九号         (未施行)
平成二十八年五月十八日法律第四十号           (未施行)
```

　書換えをしないと平成29年度改正法が正しく書き換えられなくなることがあります。例えば，次のように，現行の消費税率が8％で，2年後に10％となることが確定している（未施行）ものを，さらに12％に変更しようとする改正法が成立したとします。

- 現行法令　　　　第5条　消費税の税率は8％とする。
- 未施行法令　　　第5条中「8％」とあるのは，「10％」とする。
- 改正法（案）　　第5条中「10％」とあるのは，「12％」とする。

　このような場合，現行法令で10％部分を探しても見つかりません。ですので，改正法に書き換える前に未施行法令を先に反映させておく必要があるのです。
　この作業が終わった後に改正法による書換えを行います。この作業をするためには，改正法を入手しなければなりません。改正法（法律）については，国会の議案とされたものについては，毎年2月頃には衆議院又は参議院の法案としてそれぞれのホームページに公開されますし，財務省のホームページにも公開されます。ただし，財務省のものはテキストデータの付いていない画像データになりますので，OCRソフトなどを使ってテキスト化する必要があります。
　一方，政令や省令は法律ではありませんので衆議院と参議院のホームページ

には公開されず，財務省と総務省のホームページに公開（財務省は政令のみ）されます。

　また，改正法やそれに関係する政令・省令は官報に掲載されますので，官報のホームページでも掲載後30日間は閲覧することができます。ただし，こちらもテキストデータは付いていないことや，膨大なページから該当部分を探し出す手間が非常にかかるという欠点があります。なお，官報のデータベース（有料）利用者は，いつの時点の官報であっても閲覧できますし，テキストデータを入手することができます。

　なお，改正法や未施行法令のうち新設，削除以外のものは一種の読替え規定として規定されているので，「5　条文の加工」を参考にして書換えを行ってください。

3）過去の法令の入手

　過去の法令データは，第一法規のデータベースを使うのが簡単ですが，平成13年4月時点のものが最古になります。

　第一法規のデータベースを使わない場合は，Webarchiver（http://archive.org/web/web.php）というサイトを使って，過去の法令データ提供システムの法令を見る方法もあります。しかし，このサイトはデータを自動収集して蓄積したものなので，収集のタイミングが合わないと，必要とする時期の法令が入手できない場合がありますし，こちらのサイトがいつまで維持されるかも不明です。

　いずれにしても，すべての過去データを入手できるわけでないので，例えばみなし法人課税や資産合算課税を調べる必要が生じた場合（普通の人は不要ですが），図書館に行って過去の法令集を探すことが最善の方法でしょう。近くの図書館に収蔵がないけれどどうしても過去法令が必要ということであれば，官報のデータベースで法制定時の法令と改正法を入手して対応することになります。

4 規定の趣旨の把握

1) 税法特有の理屈から趣旨を知る

　税法が難しいのは，税法に特有の理屈が多数登場するからです。法人が無利息融資をしたら，融資を受けた法人ではなく，貸した法人に課税されるというのは一般常識では理解できないでしょう。自己株式を買い取らせる場合，常識的には株主の譲渡収入でしょうから，株主に配当課税が行われる税法独自の理屈があると理解しなくてはなりません。

　税法に特有の課税関係を理解するためには，どうしてこのような制度が必要とされたのかという視点が必要です。また制度が実現しようとする保護法益があります。

　無利息融資の事例でしたら，個人と個人あるいは個人と法人，法人と個人，法人と法人の場合で課税関係が異なってきますから，所得税，贈与税，法人税の理解が必要になります。理屈の理解に沿っていけば，どのようなパターンの課税関係でも把握できます。そこに条文の暗記は必要ありません。

　自己株式なら改正の歴史をたどることなしに趣旨の理解はできません。(1)自己株式の取得が原則として禁止されていた商法時代なら自己株式は有価証券であり，発行会社に譲渡した株主も譲渡所得課税が行われていました。(2)しかし商法改正によって，取得の範囲が広く認められると，剰余金の配当を受けることに代えて自己株式を買い取らせることは，配当所得課税を避ける節税になってしまいます。そこで自己株式の対価にはみなし配当課税を行うようになりました。これが平成13年の改正です。(3)ただし，買い取った法人にとって自己株式は有価証券でした。そこで，平成18年改正では法人にとって自己株式は資本金等の額のマイナス項目とし，買い取りも処分も資本等取引となりました。なお，この改正で株主から見た適正株価と，会社から見た適正株価が異なるという矛盾が解消されました。(4)さらに，IBM事件で問題になった，譲渡損とみなし配当を両建てする節税を防止するために，グループ法人税制における自己株

式の改正が行われました。

　税制改正は，趣旨を発見するための情報を提供してくれます。改正後の条文は，まさになぜ改正が行われたかの趣旨を明らかにするものだからです。租税回避事例を塞ぐために行われることが多いわけですが，その意味では，租税回避事例で税法は進化すると言えます。税制改正の積み重ねという歴史の理解が必要なのです。

２）税法条文の趣旨とは

　まず，税法条文の趣旨とは何かを考えなくてはなりません。本書では実務家が実務の上で条文をどのように読めばよいのか。つまり，実務の解釈をするための立法趣旨とは何かという視点で考えてみます。

　一般的に趣旨解釈とか論理解釈と呼ばれる理解の仕方があります。これは，ある行為に対し条文がそもそもないという場合や条文があってもそこに書かれている文章だけではその行為に対する課税関係が明らかにできないという場合に，条文がどのような課税関係を予定しているかを確定させる解釈技術です。これが租税法の教科書などでよく見受ける趣旨による条文解釈です。なお趣旨解釈とは，条文が書いてある文章に忠実に解釈することで，文字として何が書いてあるかを理解する文理解釈に相対するものと認識されることになります。

　そして両者の関係として一般に理解されているのは，まず優先して文理解釈を行うが，それだけで課税関係が明らかでない場合には趣旨による解釈を行うということとされています。趣旨解釈はさらに具体的には拡張解釈又は縮小解釈，変更解釈，反対解釈，類推解釈などに分類されています。

　しかし，このような学問としての条文解釈は実務には向かないでしょう。仮に今まさに税務調査で問題になっている役員給与の月額変更が定時改定に該当するか否かという場面で，税理士が拡張解釈だとか類推解釈だとか言うようなことを考えることはないでしょう。判例を分析する際にはこのような解釈が重視されるかもしれませんが，判決文に書いてあることは，当事者の主張ありきの後付けの解釈に過ぎません。

定期同額給与なら，役員給与を恣意的に増減して法人が利益調整をすることを防止するのが立法趣旨であり，そのために法人と役員との事前の契約関係を条文の前提として採用しました。つまり事前の契約に基づく支給は損金であり，事前の契約にない支給は損金不算入としたわけです。改正前の役員給与は，定期の支給か臨時の支給かという支給形態の切り分けで区分されていました。そこから改正前後の基本的思想の転換を理解することが趣旨の把握に繋がります。つまり，従前は役員賞与は利益処分でしたが，会社法が改正され利益処分による役員賞与は廃止されました。会社と役員との事前の契約に基づく支払は，支払方法が定期同額・臨時的とにかかわらずすべて損金として認める，それを具体化したのが定期同額給与と事前確定届出給与なのです。

　その立法趣旨と，利益調整を防ぐという保護法益を理解すれば，問題になっている役員給与の支給が，利益調整ではない事前の契約に基づく支給なのか否かを考えることができます。その前提で課税当局と議論すれば現場でのトラブルも減ると思います。

　小規模宅地等の特例はどうでしょうか。この特例は，被相続人等の事業又は居住用の宅地は，相続人の生活基盤の維持に欠かせないために設けられた特例であると説明されます。しかし，これだけでは，なぜ同居親族の特例は，同居親族でなければ適用できないのかが理解できません。またなぜ被相続人と生計を一にする親族に対し特例が設けられているのかも理解できません（**第２部 2 1**「生計一関連条文の読み方」参照）。なぜ家なき子特例は被相続人に同居の親族がいたら適用できないのかも理解できません。

　立法趣旨を抜きにした条文の理解はあり得ないわけですが，税法条文は立法趣旨を語ってはくれません。定期同額給与の条文に趣旨が書いてあるわけではありません。実務家は隠された立法趣旨をたどる必要があるのです。条文を書く側に立場を変えれば，立法趣旨を想定せずに条文を書くことはできません。仮に，役員給与における定期同額給与の条文を何もないところから書けと言われても条文にすることは不可能です。何を実現しどのような節税を防止したいのか。その前提になるのが立法趣旨であり，そこからできた条文によって守る

べき保護法益があるわけです。

　条文の文字で森羅万象を表現できるわけではありません。すべての役員給与の支給形態を条文化することは不可能です。そこで立法趣旨が必要になるわけです。文理解釈か趣旨解釈かといった形式論では意味がないのです。

　税法の趣旨を知るために「改正税法のすべて」を読めばよいと考える専門家も多いようです。たしかに他の文書にはない改正の取扱いが解説されることはあります。しかし本当の立法趣旨が語られていることは少ないと言えるでしょう。当局が想定しない節税事例や条文の不備が税制改正の理由であることも少なくないのです。そこで改正の本音が語られるとは限りませんし，課税庁には語る義務もありません。もちろん改正税法のすべてや国税庁が公表する質疑応答には必ず目を通しておく必要があります。ただ，そこに答えを求めるのではなく，条文の趣旨の発見に繋がる材料として，課税庁による条文解釈の解説として利用すべきなのです。

　税法は理屈で構築されていますから，その理屈を採用したのはなぜかを知ることが，趣旨を理解することになるのです。「なぜ」から隠れた趣旨を発見する，それはまた税法を学ぶ楽しさでもあります。税法は趣旨を語ってくれません。必要なのは，「なぜ」という知的好奇心です。

3）身内間税法の存在から趣旨を知る

　借地権の認定課税の取扱いなら，実務では，同族間や身内間の場合に問題になり，他人間の借地契約で認定課税が問題になることはありません。あるいは相続税法9条のみなし贈与も身内間での行為計算否認を前提として発動する規定です。これらは身内間税法とも位置づけられる条文です。これらの趣旨があることを理解して条文や通達を読めば，租税回避を目的としない借地権の認定課税を過剰に恐れる必要がないことがわかりますし，逆に節税を目的にした借地権の設定には慎重であるべきです。

　分掌変更退職金についても，身内間税法の視点が必要です。分掌変更退職金の法人税基本通達は，本来大企業が利用することを前提にした通達です。経営

から引退しようとする上場企業の代表取締役が業界団体の役員に就任することになった場合が典型です。会社の役員の肩書きは必要だから，引き続き取締役として残る場合に分掌変更退職金を損金として認める趣旨です。ところがこの分掌変更退職金は中小企業でも利用されています。多額の損金算入が可能な役員退職金は，受け取った個人でも退職所得として税負担で優遇されます。さらに株価の引き下げ効果があることから，贈与税の節税などの事業承継対策として利用されています。しかし，京都地裁平成18年2月10日判決で，法人税基本通達旧9－2－23（役員の分掌変更等の場合の退職給与）における例示内容を形式的には満たしているにもかかわらず，退職金支給後は退職と同様の事情にはないとして役員退職金が否認されるという判例が登場したことで，実務の空気は一変しました。形式を満たせばよいと考え分掌変更退職金を支給する事例が未だに多いのでしょう，節税目的の分掌変更退職金の支給が否認される事例はいくつも見受けられます。もちろん納税者の主張が認められる判例もありますが，それだけ現場段階で否認されている事例が多いということを意味しています。分掌変更退職金の通達における実質退職の例示には中小企業への節税を認める趣旨は存在しないのです。

　このように，大企業と中小企業で取扱いの違いあるいは他人間税法と身内間税法といった捉え方から規定の趣旨が理解できるものが少なくありません。

コラム　条文括弧書きのネスティング

　税法条文を読む上で，厄介なのは，括弧の多さです。とりわけ，括弧の中に括弧があり，さらにその中に括弧があり，さらに，と続く，多重括弧の構造が，税法条文では珍しくありません。

　この多重括弧の構造を，プログラミングの世界では，入れ子状態あるいはネスティングと呼んでいるようです。ネスティングの階層が深いと，最初の括弧に対応する閉じる括弧がどれなのか，一読しただけでは全くわからなくなります。

　余談ですが，平成17年に会社法が成立した時，括弧書きの階層が3段階くらいの条文が多数生じ，会社法の研究者たちは悲鳴をあげたそうです。しかし，このとき，多くの税理士は平然としていました。3段階くらいの階層の条文は，税法ではザラなので，今更驚かなかったわけです。

　さて，パソコン表計算ソフトのExcelでは，この括弧のレベルの違いをわかりやすくするために，括弧に色を付けてくれます。この後，本書で説明している，秀丸エディタによる色付けも，基本的に同じことをやっているわけです。

　条文括弧書きのネスティングが理解できると，税法条文の構造の精緻さ，美しさが理解でき始める，と言ったら言い過ぎでしょうか。

5　条文の加工

　税法条文は日本語で書かれているにもかかわらず，読み込んでも理解しにくいものがあります。その理由として，①括弧が多用されて条文が読みにくい，②一文が長い，③規定していることが抽象的である，が挙げられます。
　このような条文を読みやすくするために，条文を加工することが有用です。条文の加工とは条文を分解・整理することです。ここでは具体的な方法を紹介します。

1）条文の色付け

　税法条文の特徴として，条文中に括弧が多用されていることがあります。条文中に使われている括弧は，（　）（丸括弧）と「　」（カギ括弧）です。そしてこれらの括弧の中に括弧が使われている（括弧が階層化されている）ことが条文を読みにくくしている原因の一つです。
　そこで，括弧内の文字を括弧の階層別に色付けをすると，読みやすくなります。また，カギ括弧は用語の定義で使われることが多いので，それを明確にすることは用語の整理にも役立ちます。
　条文を理解するために，まず条文の全体像をつかむことが必要ですが，そのために一旦括弧を飛ばして読むということもよく行われます。しかし，読んでいる途中でどこまでが括弧かがわからなくなることがあります。このような場合にも，色付けが役立ちます。
　次の条文は，租税特別措置法42条の12（所得拡大促進税制）の比較平均給与等支給額を計算する場合の分母となる数について定めている政令です。

> **租税特別措置法施行令第27条の12の４**
> 16　法第42条の12の４第２項第８号に規定する政令で定める数は，適用年度開始の日の前日を含む事業年度（当該前日を含む事業年度が連結事業年度に該当する場合には，当該連結事業年度。以下この項において「前事業年度等」という。）における給与等月別支給対象者（当該前事業年度等に含まれる各月ごとの給与等の

支給の対象となる継続雇用者 *(継続雇用者比較給与等支給額に係るものに限る。)* をいう。)の数を合計した数(継続雇用者比較給与等支給額が零である場合には,一)とする。

　本書では残念ながら色付けしたものをお見せできませんが,その代わり1階層の丸括弧内をゴシック,2階層の丸括弧内を*ゴシック斜体*,カギ括弧内を網かけで表示しました。この状態でも,括弧がどこからどこまでかがわかりやすくなり,括弧を飛ばして読むことも簡単になります。また,「前事業年度等」が定義されていることも明確にわかります。

2) 括弧書きの外出し

　色付けの代わりに,括弧部分を注書きのような形で外出しをする加工も色付けと同様の効果があります。上記の条文の括弧を外出しすると,次のようになります。

16　法第42条の12の4第2項第8号に規定する政令で定める数は,適用年度開始の日の前日を含む事業年度(#1)における給与等月別支給対象者(#2)の数を合計した数(#3)とする。
　　#1　当該前日を含む事業年度が連結事業年度に該当する場合には,当該連結事業年度。以下この項において「前事業年度等」という。
　　#2　当該前事業年度等に含まれる各月ごとの給与等の支給の対象となる継続雇用者(#2-1)をいう。
　　#2-1　継続雇用者比較給与等支給額に係るものに限る。
　　#3　継続雇用者比較給与等支給額が零である場合には,一

この形式の場合,括弧書きがなくなったことにより,本文が読みやすくなるメリットがあります。

3) 条文を整理する

　次に,長い条文に対応する方法です。

　基本的に,条文が長いものは括弧書きが多いので,多くは1)の色付けや2)括弧書きの外出しで対応できるでしょう。

〔括弧が条文のほとんどを占める例——1）・2）で対応できるもの〕

法人税法
第23条 内国法人が次に掲げる金額（第１号に掲げる金額にあつては，外国法人若しくは公益法人等又は人格のない社団等から受けるもの及び適格現物分配に係るものを除く。以下この条において「配当等の額」という。）を受けるときは，その配当等の額（完全子法人株式等，関連法人株式等及び非支配目的株式等のいずれにも該当しない株式等（株式又は出資をいう。以下この条において同じ。）に係る配当等の額にあつては当該配当等の額の100分の50に相当する金額とし，非支配目的株式等に係る配当等の額にあつては当該配当等の額の100分の20に相当する金額とする。）は，その内国法人の各事業年度の所得の金額の計算上，益金の額に算入しない。

〔法人税法23条——加工したもの〕

第23条 内国法人が次に掲げる金額（#1）を受けるときは，その配当等の額（#2）は，その内国法人の各事業年度の所得の金額の計算上，益金の額に算入しない。

 #1 第１号に掲げる金額にあつては，外国法人若しくは公益法人等又は人格のない社団等から受けるもの及び適格現物分配に係るものを除く。以下この条において「配当等の額」という。

 #2 完全子法人株式等，関連法人株式等及び非支配目的株式等のいずれにも該当しない株式等（#2-1）に係る配当等の額にあつては当該配当等の額の100分の50に相当する金額とし，非支配目的株式等に係る配当等の額にあつては当該配当等の額の100分の20に相当する金額とする。

 #2-1 株式又は出資をいう。以下この条において同じ。

一方，租税特別措置法70条の７第１項のように，括弧を除いても長い条文もあります。

〔租税特別措置法70条の７第１項——括弧書きを除外したもの〕

第70条の７ 認定贈与承継会社の代表権を有していた個人として政令で定める者が経営承継受贈者に当該認定贈与承継会社の非上場株式等の贈与をした場合において，当該贈与が次の各号に掲げる場合の区分に応じ当該各号に定める贈与であるときは，当該経営承継受贈者の当該贈与の日の属する年分の贈与税で相続税法第28条第１項の規定による申告書の提出により納付すべきものの額のうち，当該非

上場株式等で当該贈与税の申告書にこの項の規定の適用を受けようとする旨の記載があるものに係る納税猶予分の贈与税額に相当する贈与税については，政令で定めるところにより当該年分の贈与税の申告書の提出期限までに当該納税猶予分の贈与税額に相当する担保を提供した場合に限り，同法第33条の規定にかかわらず，当該贈与者の死亡の日まで，その納税を猶予する。

このような条文は，次のように条文構成ごとに整理するといいでしょう。

前提１
認定贈与承継会社の代表権を有していた個人として政令で定める者が経営承継受贈者に当該認定贈与承継会社の非上場株式等の贈与をした場合において

前提２
当該贈与が次の各号に掲げる場合の区分に応じ当該各号に定める贈与であるとき

対象税額１
当該経営承継受贈者の当該贈与の日の属する年分の贈与税で相続税法第28条第１項の規定による申告書の提出により納付すべきものの額のうち

対象税額２
当該非上場株式等で当該贈与税の申告書にこの項の規定の適用を受けようとする旨の記載があるものに係る納税猶予分の贈与税額に相当する贈与税について

申告要件等
政令で定めるところにより当該年分の贈与税の申告書の提出期限までに当該納税猶予分の贈与税額に相当する担保を提供した場合に限り

具体的取扱い
同法第33条の規定にかかわらず，当該贈与者の死亡の日まで，その納税を猶予する。

4）条文の図形化・図表化・フローチャート化

　条文自体は複雑ではないのですが，位置関係の整理が難しいものもあります。このような条文は，図形に変えるといいでしょう。

　例えば，所得税法2条で定義されている居住者，非永住者及び非居住者を整理してみましょう。

　所得税の納税義務者には，居住者と非居住者とがあり，居住者は，さらに非永住者と非永住者以外の居住者に区分されます。日本国内にいるいわゆる日本人は「非永住者以外の居住者」に該当するのですが，「非永住者以外の居住者」は直接定義されていません。つまり，「非永住者以外の居住者」は，「居住者」のうち「非永住者以外」の個人と整理されます。

　ここでは，次の条文から「非永住者以外の居住者」，「非永住者」及び「非居住者」の関係をまず図形にしてみます。

> **所得税法第2条第1項**
> 　三　居住者　国内に住所を有し，又は現在まで引き続いて1年以上居所を有する個人をいう。
> 　四　非永住者　居住者のうち，日本の国籍を有しておらず，かつ，過去10年以内において国内に住所又は居所を有していた期間の合計が5年以下である個人をいう。
> 　五　非居住者　居住者以外の個人をいう。

【所得税の納税義務者の整理図】

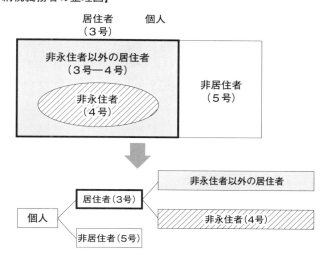

　このような図をつくると，個人の居住者（その中の非永住者と非永住者以外の居住者）と非居住者との関係が明確になります。

【表　所得税の納税義務者の整理表】

住所	居所	日本国籍	10年以内の国内住所等	納税義務者の区分
有	—	有	—	非永住者以外の居住者
		無	5年超	非永住者以外の居住者
			5年以下	非永住者
無	1年以上	有	—	非永住者以外の居住者
		無	5年超	非永住者以外の居住者
			5年以下	非永住者
	1年未満	—	—	非居住者

　また，このような表をつくると，非永住者以外の居住者に該当するのは，次の個人といえることがわかります。

- 一般的な日本人（国内住所＋日本国籍）
- 国内に1年以上居所がある日本国籍がある人
- 日本国籍がなくても過去10年間に5年超日本にいたことがあり，現在国内

に住所がある人，又は現在1年以上国内に居所がある人

　表は一種のマトリックスなので，一覧性に優れ，各要件の関係がわかりやすくなり，また，事例のあてはめもしやすくなります。

　フローチャートも表と同様にあてはめがしやすいという効果があります。チャートにそって流れていけば結果が出ますので，実務上利便性が高いといえます。

【所得税の納税義務者判定のフローチャート】

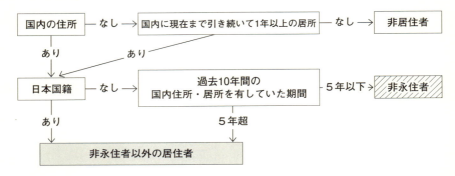

　図，表又はフローチャートのどれがいいかは，処理する内容によって異なりますし，好みの問題もありますので，試行錯誤しながら自分で気に入ったものを使うといいでしょう。

　いずれの方法であっても，その作成過程で場合分けなど条文の整理ができ，解釈に役立ちます。

5）計算式にする

　税法は納税をしてもらうための法律ですから，条文の多くは納税額を計算するための規定となっています。計算式となっているものを言葉で表現すれば，難解な文章になりやすいものです。それほど難解にならないにしても，普段使っている文章とは違った文体となるので，違和感を覚えるでしょう。

　例えば，「A÷B×C」という計算を文章にすれば，「AをBで除し，これに

Cを乗じて計算した金額」となります。実際の条文は，A，B，Cの記号が文章となっているのですから，難解な条文と感じるのも無理がないでしょう。

法人税法施行令
第23条 法第24条第1項（配当等の額とみなす金額）に規定する株式又は出資に対応する部分の金額は，同項に規定する事由の次の各号に掲げる区分に応じ，当該各号に定める金額とする。
一 法第24条第1項第1号に掲げる合併 当該合併に係る被合併法人の当該合併の日の前日の属する事業年度……終了の時の資本金等の額……を当該被合併法人のその時の発行済株式……（その有する自己の株式……を除く。次号，第5号イ及び第4項第1号において「発行済株式等」という。）の総数……で除し，これに法第24条第1項に規定する内国法人が当該合併の直前に有していた当該被合併法人の株式……の数……を乗じて計算した金額

この規定は，みなし配当額を計算する場合に，交付金銭等から控除する株主拠出額である資本金等の額を計算するものですが，1号を計算式にすると次のようになります。

$$\frac{\text{被合併法人の当該合併の日の前日の属する事業年度終了の時の資本金等の額}}{\text{合併法人のその時の発行済株式の総数} - \text{自己株式数}} \times \text{内国法人が合併直前に有していた被合併法人の株式の数}$$

これだけでもずいぶんわかりやすくなりましたが，さらにこの算式を次のように組み替えてみましょう。

$$\text{被合併法人の当該合併の日の前日の属する事業年度終了の時の資本金等の額} \times \frac{\text{内国法人が合併直前に有していた被合併法人の株式の数}}{\text{被合併法人のその時の発行済株式の総数} - \text{自己株式数}}$$

被合併法人の資本金等の額を株式数で按分していることが明らかになります。
このように条文を計算式に加工すれば，どのような計算をしているかがわかりやすくなり，条文の解釈にも役立ちます。

6）読替え規定への対応

　条文の加工という点で補足しておきたいことが，読替え規定への対応方法です。

　条文では，同じような内容を重ねて書かず，一部だけ違う用語で既出の条文を置き換えることがよく行われます。この置換えをする規定のことを読替え規定といいます。読替え規定は，読替え作業が必要であり，その作業が条文の加工といえますので，ここで触れていきます。

　読替え規定には，読替え箇所が1つのものもありますが，複数あるものも多く，読替え部分が10を超えることも珍しくありません。読替え箇所が1つであればわざわざ読替え後の条文を作成しなくても意味がわかりますが，それが複数ある場合は読替え条文を作成しなければ解釈を誤ってしまうこともあり得ますので，万全を期すために読替え条文を作成しましょう。

〔読替え条文がなくても内容がわかるものの例〕

消費税法
（課税資産の譲渡等及び特定課税仕入れについての確定申告）
第45条　事業者（第9条第1項本文の規定により消費税を納める義務が免除される事業者を除く。）は，課税期間ごとに，当該課税期間の末日の翌日から2月以内に，次に掲げる事項を記載した申告書を税務署長に提出しなければならない。（略）
4　清算中の法人につきその残余財産が確定した場合には，当該法人の当該残余財産の確定の日の属する課税期間に係る第1項の規定の適用については，同項中「2月以内」とあるのは，「1月以内（当該翌日から1月以内に残余財産の最後の分配又は引渡しが行われる場合には，その行われる日の前日まで）」とする。

　この読替え規定は，読替え元の条文が同じ条文番号内の1項にあり，読替えも1つだけなので，2月以内の申告期限が1月以内となるということがすぐにわかります。

〔読替え条文を作成しないと内容がわからないものの例〕

法人税法施行令第112条（適格合併等による欠損金の引継ぎ等）

11　第５項から第８項までの規定は，法第57条第４項第２号に規定する政令で定める金額について準用する。この場合において，第５項中「同項に規定する被合併法人等（以下この項において「被合併法人等」という。）の同号」とあるのは「同条第四項に規定する適格組織再編成等（以下この項において「適格組織再編成等」という。）に係る合併法人，分割承継法人，被現物出資法人又は被現物分配法人となる内国法人の同条第４項第２号」と，同項第１号中「同条第２項又は第６項の規定により当該被合併法人等」とあるのは「当該適格組織再編成等の前に同条第２項の規定により当該内国法人の欠損金額とみなされたもの，同条第６項の規定により当該内国法人」と，「被合併法人等が」とあるのは「内国法人が」と，「第57条第３項第１号に規定する」とあるのは「第57条第４項第１号の」と，「当該支配関係発生日の属する事業年度開始の日」とあるのは「当該支配関係発生日」と，「第123条の８第３項第１号から第５号まで（特定資産に係る譲渡等損失額の損金不算入）」とあるのは「第123条の８第14項（特定資産に係る譲渡等損失額の損金不算入）において準用する同条第３項第１号から第５号まで」と，同項第２号中「被合併法人等に」とあるのは「内国法人に」と，第６項中「法第57条第３項の被合併法人等」とあるのは「法第57条第４項の内国法人」と，「同条第２項の適格合併の日又は同項の残余財産の確定の日」とあるのは「同項に規定する適格組織再編成等（以下この項において「適格組織再編成等」という。）の日」と，「内に当該被合併法人等」とあるのは「内に当該内国法人」と，「同条第３項の内国法人及び当該被合併法人等」とあるのは「当該内国法人及び同条第４項に規定する支配関係法人」と，「のうち当該被合併法人等が」とあるのは「のうち当該内国法人が」と，「当該被合併法人等が支配関係発生日」とあるのは「当該内国法人が支配関係発生日」と，第七項中「法第57条第３項の被合併法人等」とあるのは「法第57条第４項の内国法人」と，「とし，当該被合併法人等又は」とあるのは「とし，当該内国法人又は」と，「（当該被合併法人等又は」とあるのは「（当該内国法人又は」と，「被合併法人等若しくは」とあるのは「内国法人若しくは」と，「かつ，当該被合併法人等」とあるのは「かつ，当該内国法人」と，「法第57条第２項の規定により当該被合併法人等」とあるのは「法第57条第２項の規定により当該内国法人」と，「同条第３項の内国法人及び当該被合併法人等」とある

のは「当該内国法人及び同条第４項に規定する支配関係法人」と，「当該被合併法人等の同項」とあるのは「当該内国法人の同項」と，「同条第２項の規定により当該被合併法人等」とあるのは「同条第２項の規定により当該内国法人」と読み替えるものとする。

　こちらは，同じ条文番号内に読替え元の条文がありますが，読替え箇所が22個もありますので，よほどの記憶力がない限り，読替え後の条文を作成しないとさっぱりわかりません。

　この読替え条文は極端なものだと思うかもしれませんが，この政令の８項から10項もご覧ください。11項よりも量は少ないですが，それでも数にして合計14個の読替え箇所があります。この読替え条文なしで組織再編成の実務対応はできないでしょう。

　では，どのように読替え条文を作ればいいのでしょうか。印刷した条文の読替え箇所に，読み替える文章や語句を書き込んでいけば一応読替え条文が作成できます。それを，キーボードで打ち込めばデジタルデータになりますが，打ち込み間違いなどにより正確な読替え条文が作成できない可能性もあります。

　そこで，パソコンで直接条文データを加工する方法をご紹介します。用意するものは，検索文字をハイライト表示できるテキストエディタです。Windows付属のメモ帳は対応していませんので使用できませんが，サクラエディタなどのフリーソフトでも大丈夫です。余談ですが，私たちは秀丸エディタを使っています。秀丸エディタは有料のソフトですが，括弧書きを色付け表示できるなど，料金に見合った以上の利便性が手に入れられるからです。

　では，実際に作業をしてみましょう。まず，テキストエディタの画面を２つ開き左右に並べ，左側に読替えの対象となる条文を，右側に読替え規定を貼り付けます。

　そして，読替え条文を，読替え対象語句と読替え後語句のグループごとに改行を入れ，読替え前の字句と読替え後の字句との対応関係を明確化します。

② 条文を読むための事前準備　51

```
画面左側                          画面右側
〔読替えの対象となる条文〕        〔読替え規定〕
 5　法第五十七条第三項第二号に    同項一号中
 規定する政令で定める金額は，同    「○○○」とあるのは「●●」と，
 項に規定する被合併法人等（以下    「□□」とあるのは「□□□」と，
 この項において「被合併法人等」    「▲▲」とあるのは「△△」と，
 という。）の…                    「★★」とあるのは「☆☆」と，
（法人税法施行令112条5項1号）    「◎」とあるのは「○」と，
```

ここでは，法人税法施行令112条5項1号の読替え作業の手順を示します。

手順1　画面右側のウィンドウ（読替え規定）から『同条第二項又は第六項の規定により当該被合併法人等』までをコピー（Ctrl＋C）し，画面左側のウィンドウ（読替えの対象となる条文）でこの語句を検索（Ctrl＋F）する。

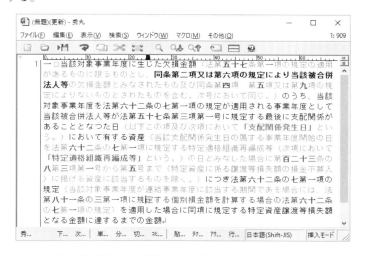

手順2　ハイライト表示された部分が置き換え対象語句であること（5項1号中であること）を確認したら，右側の『当該適格組織再編成等の前に同条第二項の規定により当該内国法人の欠損金額とみなされたもの，同条第六項の規定により当該内国法人』をコピー（Ctrl＋C）する。

手順3 左側のハイライト部分を選択し,貼り付け(Ctrl+V)して,置き換えをする。

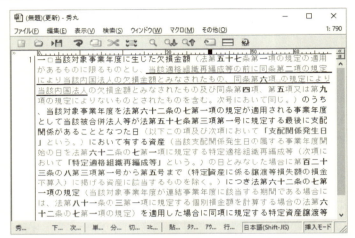

アンダーライン部分が置き換えられたもの(実際には表示されません)

以降,順次この作業を繰り返します。

> ※ 作業上の注意点
> 　　空白もコンピューター上は一種の文字として扱われます。テキストエディタの表示設定で空白(全角・半角)を記号で表示するようにするとスペースの存在が認識でき,検索が正確にできるようになります。テキストエディタの置換え機能で半角スペースを削除してしまうのも一法です。
> 　　法令データ提供システムの法令データでは,条文中の条文番号の後(項や号がある場合はその後)に半角スペースが入っていますので,注意してください。

この結果出来上がった読替え条文がこちらです。アンダーライン部分が読み替えられた部分です(漢数字はそのままです)。

一　当該対象事業年度に生じた欠損金額(法第五十七条第一項の規定の適用があるものに限るものとし,<u>当該適格組織再編成等の前に同条第二項</u>の規定により当該内国法人の欠損金額とみなされたもの,<u>同条第六項</u>の規定により当該内国法人の欠損金額とみなされたもの及び同条第四項,第五項又は第九項の規定により

ないものとされたものを含む。次号において同じ。）のうち，当該対象事業年度を法第六十二条の七第一項の規定が適用される事業年度として当該内国法人が法第五十七条第四項第一号の最後に支配関係があることとなつた日（以下この項及び次項において「支配関係発生日」という。）において有する資産（当該支配関係発生日を法第六十二条の七第一項に規定する特定適格組織再編成等（次項において「特定適格組織再編成等」という。）の日とみなした場合に第百二十三条の八第十四項（特定資産に係る譲渡等損失額の損金不算入）において準用する同条第三項第一号から第五号までに掲げる資産に該当するものを除く。）につき法第六十二条の七第一項の規定（当該対象事業年度が連結事業年度に該当する期間である場合には，法第八十一条の三第一項に規定する個別損金額を計算する場合の法第六十二条の七第一項の規定）を適用した場合に同項に規定する特定資産譲渡等損失額となる金額に達するまでの金額

　読替え条文作成の労を省いては，正しい条文の理解はできません。特に，このような複雑な条文では，必須の作業といってよいでしょう。

> **コラム** 秀丸エディタのカラー設定

　本文中で紹介した秀丸エディタには，強調表示という機能があり，特定の用語やある規則に従った用語と文章を色付け表示することができます。この機能を使えばパソコン上の画面内でも括弧内の文字を色付け表示できますので，秀丸エディタを使われる方は，強調表示を設定することをおすすめします。
　次は，私の基本的な設定例です。
　　1階層の丸括弧内の文字……強調表示1
　　2階層の丸括弧内の文字……強調表示2
　　1階層のカギ括弧内の文字……強調表示3
　　2階層のカギ括弧内の文字……強調表示4

メニューのその他（O）→ファイル別の設定
　設定の対象→デザイン→複数行コメント→●ユーザー定義→追加ボタンをクリック

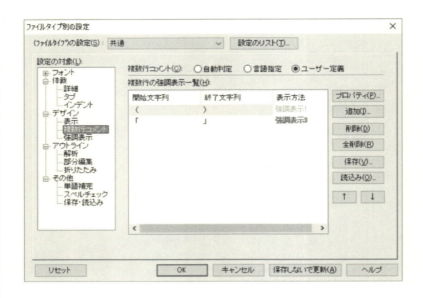

強調表示文字列(複数行)の追加のダイアログ内の設定
　開始文字列　(……(全角)
　終了文字列　)……(全角)
　表示方法　強調表示1
オプション(O)＞＞ボタンをクリックして，オプション項目を設定
種類：●複数行を選択
入れ子(次のすべてにチェックを入れる)
　子を含むのを許可
　子になるのを許可
　自身の入れ子を許可～強調表示2

※カギ括弧についても同様に設定する。
　　強調表示1から強調表示4の文字色などについては，上記の複数行コメントを選択した所と同じ，
　　　設定の対象→デザイン
で，強調表示の色を決めてください。

6 あてはめ

1）具体的なあてはめ作業の必要性

　条文の意図しているところを，過不足なく，正しく理解するのが，条文解釈の目的とするところです。そのために，立法趣旨あるいは制度趣旨という羅針盤を手に入れてから，条文に向き合うということは，既に①あるいは②「4 規定の趣旨の把握」で解説されているとおりです。

　ここでは，制度趣旨を踏まえて，条文を読む際に行う，具体的な理解作業としてのあてはめについて説明してみます。

　どうして，このような作業が必要かですが，一番重要な点は，条文の射程距離を正しく把握するためです。税法の条文は，とりわけ，大きな法律効果を発動させるものが少なくありません。そのため，ある法律要件から生じる法律効果が，どれだけの効力があり，どれだけの守備範囲があるのかが極めて重要です。

　一般的に言えば，課税庁は，過大に効果を考えがちであり，納税者は，過少に考えがちであるということも少なくありません。条文の意図がどこにあり，どこまでがセーフで，どこからがアウトなのかという線引きは，税法条文を扱う実務家には，決定的に重要です。そのため，条文を抽象的な理解に留めず，具体的にかつ可能な限り，多面的に理解する作業が，条文の射程距離を過不足なく理解することに繋がる。そのように考えられるわけです。

2）図解を行う（チャート化を含む）

> **法人税法**
> **（合併及び分割による資産等の時価による譲渡）**
> **第62条**　内国法人が合併又は分割により合併法人又は分割承継法人にその有する資産及び負債の移転をしたときは，当該合併法人又は分割承継法人に当該移転をした資産及び負債の当該合併又は分割の時の価額による譲渡をしたものとして，当

該内国法人の各事業年度の所得の金額を計算する。
　この場合においては、当該合併又は当該分割（第2条第12号の9イ（定義）に規定する分割対価資産（以下この項において「分割対価資産」という。）の全てが分割法人の株主等に直接に交付される分割型分割に限る。以下この項において「特定分割型分割」という。）により当該資産及び負債の移転をした当該内国法人（資本又は出資を有しないものを除く。）は、当該合併法人又は当該特定分割型分割に係る分割承継法人から新株等（当該合併法人が当該合併により交付した当該合併法人の株式（出資を含む。以下この項及び次条において同じ。）その他の資産（第24条第2項（配当等の額とみなす金額）に規定する場合において同項の規定により同項に規定する株式割当等を受けたものとみなされる当該合併法人の株式その他の資産を含む。）をいう。）又は当該特定分割型分割に係る分割対価資産をその時の価額により取得し、直ちに当該新株等又は当該分割対価資産を当該内国法人の株主等に交付したものとする。

　組織再編成税制における非適格合併及び非適格分割についての、法人間及び法人・株主間課税を規定しているのが、この法人税法62条1項です。この前段（「この場合においては」の前まで）は、下記のように図解できます。

【合併】

【分割】

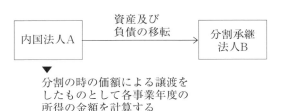

つまり，合併あるいは分割の時に資産及び負債が，時価で譲渡されたものとして，内国法人の所得計算を行うということが，ここで規定されているわけです。税法の条文では，このように，登場人物と行為を明確化することで，計算規定の意図がわかりやすくなります。

また，後段（「この場合においては」から始まる部分）では，前段を受けて，資産及び負債の移転により，内国法人が受けた合併対価が，そのまま株主等に交付して払い戻されるという，法人間の取引と法人・株主間の取引の連携が，非適格組織再編成における課税関係の骨子であることを明確化しています。

【合併】

【分割】

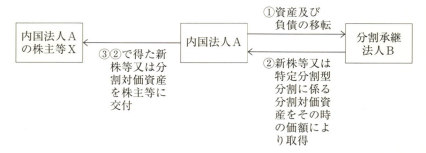

このように，条文を図解して，可視化することが，税法条文を正しく理解する上での重要な作業といえます。

3）具体的数値や登場人物を設定してみる

条文を読む際には，具体的な数値をあてはめてみることもとても大事です。

税法は、数字や金額を扱うので、とりわけそうであるといってよいでしょう。

租税特別措置法
（中小企業者等が機械等を取得した場合の特別償却又は法人税額の特別控除）
第42条の6
2　中小企業者等が、指定期間のうち産業競争力強化法の施行の日から平成29年3月31日までの期間（第4項において「特定期間」という。）内に、特定機械装置等のうち生産性向上設備等（生産等設備を構成する機械及び装置、工具、器具及び備品並びに政令で定めるソフトウエアで、同法第2条第13項に規定する生産性向上設備等に該当するもののうち政令で定める規模のものをいう。）に該当するもの（以下この項及び第4項において「特定生産性向上設備等」という。）でその製作の後事業の用に供されたことのないものを取得し、又は特定生産性向上設備等を製作して、これを国内にある当該中小企業者等の営む指定事業の用に供した場合において、当該特定生産性向上設備等につき前項の規定の適用を受けないときは、供用年度のうち平成26年4月1日以後に終了する事業年度（第4項において「特定供用年度」という。）の当該特定生産性向上設備等の償却限度額は、法人税法第31条第1項又は第2項の規定にかかわらず、当該特定生産性向上設備等の普通償却限度額と特別償却限度額（当該特定生産性向上設備等の取得価額から普通償却限度額を控除した金額に相当する金額をいう。）との合計額とする。

本条文は、中小企業投資促進税制における、いわゆる生産性向上設備における即時償却の特例を規定しているわけですが、実際の償却費限度額は、

> 償却限度額＝普通償却限度額と特別償却限度額との合計額

とされています。
　そのうえで、特別償却限度額については、「（当該特定生産性向上設備等の取得価額から普通償却限度額を控除した金額に相当する金額をいう。）」とあります。
　つまり、取得価額1000・普通償却限度額250と仮定すると、特別償却限度額は、1000－250＝750となることがわかります。1項の、一般的な特別償却であれば、取得価額1000×30％＝300が特別償却限度額となり、普通償却限度額250

との合計550が償却限度額となります。

即時償却制度の場合、「特別償却限度額＝取得価額－普通償却限度額」と理解すればよいことがわかります。この点は、いざ決算で別表十六の明細作成をする段階になって考え込む人が少なくないように思います。それは、このように条文を読む際に、数字を具体的にあてはめずに、読み流してしまっているせいではないかと思えます。

また、登場人物をあてはめることも大事です。親・子あるいは子Ａ・子Ｂなどとして、条文を読む際のイメージをわきやすくさせるのです。あるいは、上記２）のように、「合併法人Ｂ」などとして特定しておくことで、あとで引用などが容易になります。これらも、どうということはないようですが、意外に大事な作業上の注意点といえます。

この２つの図解のどちらの記号引用が、以後の引用における理解でわかりやすいかは、一目瞭然だと思います。

> **コラム**　プログラムと条文との相似性

　コンピュータのプログラムと，法律の条文とは，非常によく似ている点があります。

　条文
　…（要件）の場合には，…（効果）とする。

　プログラム
　if（条件）then（実行内容）else（条件を満たさない時の実行内容）

　このような条件があったら，このようなプログラムを実行しなさい。そのようなプログラム文は，まさに，法律の条文における，要件と効果の構造と同じです。

　法律の条文は，1つの条文ですべての要件と効果が完結するのではなく，ほかの条文と組み合わさって，さらなる分岐規定を用意することも多々あります。この点も，プログラムと同じです。

　例えば，プログラムでは，定数という考え方があります。プログラムの全体あるいは一定の範囲で，決まった数値を持つ変数を決めるのです（（例）Const a As Long=1000）。

　法律の条文でも，定義規定は，同じような使い方をされます。ある条文だけで定義が使われたり，法律全体で使われたり，同じ用語がどこまで同じ意味で使われるかを押さえることの大事さは，本文でも説明されています。

　条文をプログラムだと思って，ちゃんとパソコンが動くかどうか，という視点で読んでみると，条文の動き・振舞いが理解しやすくなる場合があります。

3 税制改正への取り組み方

　税法の改正は毎年行われるものですが，その量が膨大であること，また内容も複雑であることから，そのフォローアップを後回しにしてしまいがちです。

　しかし，税制改正を理解するためには，その改正に至る背景や改正に至る議論の内容を知ることが重要です。改正の本当の趣旨などが，その部分にしか書かれていないことさえあるからです。

　つまり，このように変わりました，このような制度ができました，といった改正の結果だけが記載された解説書を読むだけでは，本当の理解にはたどり着けないことが多いといえます。

　ここでは，税制改正の一般的なスケジュールを整理し，その中で得られる資料に対しどのように向き合うべきかについて解説してみます。

　ただ，税制改正は，非常にボリュームがあり，難解であり，頻度も多く，自分ひとりでフォローアップをするのは非常に困難です。

　そこで，税制改正の内容について議論し語り合える仲間・同僚を持っていただくことをお勧めします。そのようなグループを作り，事務所内や外部において自ら改正税法のセミナー講師を引き受けるなど，自らを勉強せざるを得ない環境にすることが重要といえます。

1）政府税制調査会

　内閣総理大臣の諮問に応じて租税制度に関する基本的事項を調査審議し，内閣総理大臣に意見を述べることを任務とした内閣府の審議会を政府税制調査会又は略して政府税調といいます。

　なお，政府税調は，各政党内に存在する審議機関の一つである税制調査会，例えば自由民主党税制調査会などとは別の審議会になります。

　この政府税調では，あるべき税制のあり方について審議が行われており，それが税制改正の基礎となることから，ここで行われている審議内容は税制改正

を理解するために重要な資料となります。

具体的には，内閣府にあるホームページにおいて，議事録や会議資料が随時公表されているので，その資料を確認する作業が必要になります。

ただ，すべての内容を確認するのは現実的に難しいため，議事録のタイトルだけ斜め読みし，実務に関係しそうな内容のものだけを深読みする，という対応でいいでしょう。

2）各省庁要望

毎年秋口には，財務省に各省庁の税制改正要望が集められ，取りまとめられたものが財務省のホームページに公表されます。この資料により，各省庁がどのような理由で改正を望んでいるのか，また現状の税制でどのような問題点があるのかが理解できます。

重要な資料となりますので，各省庁のホームページ若しくは政府税調のホームページにアップされる資料を確認しておくべきでしょう。

(参考資料) 平成28年度税制改正要望（財務省）各府省庁からの要望事項（https://www.mof.go.jp/tax_policy/tax_reform/outline/fy2016/request/index.htm）

3）与党税制改正大綱

税制改正案の内容は，取りまとめ前になると，各種の税務情報雑誌や新聞等に概要が掲載され始めますが，最終的な改正案は与党税制改正大綱という形で公表されます。

政局により時期がずれることもありますが，基本的には，12月初旬から中旬ごろに公表されることになります。

この税制改正大綱は，すべてを一読しておく必要があるものです。

その中で理解できないものや気になる部分は，後記4）の各省庁の解説資料で確認し，若しくは気になる改正については，前記1）の政府税調の資料を確認しなおす，という作業も有効になります。また，この税制改正大綱における

自分なりの疑問点はピックアップし，その後の税務情報雑誌での解説や報道等と照らし合わせることで疑問点を解消しておくべきでしょう。

なお，その後に発表される閣議決定後の税制改正要綱や財務省要綱については，通常，大幅な内容変更がないので，普段はあまり気にする必要はありません。

4）各省庁の解説資料

税制改正大綱発表後，各省庁から税制改正に関する解説資料が公表されます。中でも，経済産業省・中小企業庁が早く，かつ，実務家に有用な情報を出してくれる傾向があります。

また，税制改正大綱では読み切れない内容をこの資料で説明している場合もあります。各省庁のホームページで，解説資料を入手し，税制改正大綱とあわせて確認しておきましょう。

5）財務省の法律案公表

1月下旬から2月中旬の間に，財務省のホームページにおいて，税制改正大綱の内容を反映した税制改正の法案が掲載されます。

この時点での公表資料は，画像のPDFであることから，テキストデータは取れません。テキストデータとして入手できるのは，その後の参議院のホームページの議案情報内での法律案ページ掲載時になります。

この法案では，税制改正大綱などで抽象的な表現に留まっていたものを条文で確認する作業ができます。また，適用時期や経過措置が記載されている附則の確認も重要です。

なお，地方税法の法案は，総務省のホームページに掲記されます。

6）国会による承認と政省令

税制改正法案は，1月開催の通常国会により審議されることになります。

衆議院，参議院の審議を経て，3月中に国会で成立し，3月末日までに公布

され，4月1日に法律が施行されるのが通常のスケジュールになります。

また，法律公布と同時に，改正される政令・省令が公布されます。政令については，官報掲載後に財務省が新旧対照表とともに公開してくれますが，省令は公開されません。

なお，4月の上旬以後に改正法の新旧条文対照資料が公表されることもありますが，必ずしもすべてが公表されるとは限りません。

この新旧対照表は，ざっと眺めて，気になる点を確認しておくとよいでしょう。特に，制度内容が大きく変わっているもの及び新設の規定は，時間をとってじっくり確認すべきです。

7) 財務省による税制改正資料の公表

7月中旬から下旬に財務省より改正税法の解説資料が公表されます。「税制改正の解説」というもので，書籍は『改正税法のすべて』として販売されています。

この資料には多くの項目について改正の趣旨が書かれていることから，最重要資料といえます。また，条文からは読めなかった取扱いが登場する場合があるため，自分の興味がある部分は確認すべきです。

また，読むことで重要な改正の確認漏れがないかのチェックができることから，それ以外の項目でも趣旨部分の解説だけはすべて読む価値があります。

8) 通達改正と改正趣旨の公表

税制改正を受けて，基本的には秋口以後に国税庁による通達改正が行われます。この際に，税制改正の趣旨について新たに公表されることや条文からは読めなかった取扱いが登場することがあるため，税制改正の理解のため重要な資料となります。

ただし，公表時期はかなりばらつきがあることから，国税庁ホームページの新着情報などは随時確認しておく必要があります。

なお，地方税法の改正については，総務省による通知が発遣されますが，納

税者に公表されないものもありますので，税務情報雑誌の記事などでフォローする必要があります。

9）その他の情報

同時に，公益財団法人日本租税研究協会の開催する研修会など，立案担当者の解説セミナーには積極的に参加し，情報を得ることも重要です。

なお，税務訴訟の結果で改正されるものもありますので，裁決例・裁判例にも注意しておく必要があります。

第2部

税法条文の読み解き方

1 法人税法

1 法人税法2条，法人税法施行令4条の2第2項 「一の者」の範囲

1）条文名

法人税法2条
法人税法施行令4条の2第2項

（定　義）
第2条
　十二の七の六　完全支配関係　一の者が法人の発行済株式等の全部を直接若しくは間接に保有する関係として政令で定める関係（#1）又は一の者との間に当事者間の完全支配の関係がある法人相互の関係をいう。
　　#1　以下この号において「当事者間の完全支配の関係」という。

（支配関係及び完全支配関係）
第4条の2
2　法第2条第12号の7の6に規定する政令で定める関係は，一の者（#1）が法人の発行済株式等（#2）の全部を保有する場合における当該一の者と当該法人との間の関係（#3）とする。この場合において，当該一の者及びこれとの間に直接完全支配関係がある一若しくは二以上の法人又は当該一の者との間に直接完全支配関係がある一若しくは二以上の法人が他の法人の発行済株式等の全部を保有するときは，当該一の者は当該他の法人の発行済株式等の全部を保有するものとみなす。
　　（略）
　　#1　その者が個人である場合には，その者及びこれと前条第1項に規定する特殊の関係のある個人
　　#2　発行済株式（#2-1）の総数のうちに次に掲げる株式の数を合計した数の占める割合が100分の5に満たない場合の当該株式を除く。以下この項において同じ。
　　#2-1　自己が有する自己の株式を除く。
　　#3　以下この項において「直接完全支配関係」という。

2）条文解釈上の論点

「一の者」の範囲はどこまでか。

3）条文における着目点

「当該一の者は」と「当該一の者が」の違い。

4）検　討

内藤）平成22年度税制改正では，グループ法人税制が導入されて大きな話題になりましたね。グループ法人間で生じた資産の譲渡損益や寄附金，受贈益を認めないといったような取扱いが注目を浴びました。

白井）中小企業でも適用事例が生じる税制ですから，どの範囲までをグループとして考えるのか，というのが税務雑誌などでも当時は連日掲載されていましたね。

村木）そのグループ法人の範囲は，「完全支配関係がある」法人と規定されており，この「完全支配関係」を定義しているのが，法人税法2条12号の7の6になります。

> **完全支配関係**　一の者が法人の発行済株式等の全部を直接若しくは間接に保有する関係として政令で定める関係（#1）又は一の者との間に当事者間の完全支配の関係がある法人相互の関係をいう。
> 　#1　以下この号において「当事者間の完全支配の関係」という。

また，この政令で定める関係とは，次の法人税法施行令4条の2第2項です。

> 2　法第2条第12号の7の6に規定する政令で定める関係は，一の者（#1）が法人の発行済株式等（#2）の全部を保有する場合における当該一の者と当該法人との間の関係（#3）とする。この場合において，当該一の者及びこれとの間に直接完全支配関係がある一若しくは二以上の法人又は当該一の者との間に直接完全支配

関係がある一若しくは二以上の法人が他の法人の発行済株式等の全部を保有するときは，当該一の者は当該他の法人の発行済株式等の全部を保有するものとみなす。
(略)
　＃1　その者が個人である場合には，その者及びこれと前条第1項に規定する特殊の関係のある個人
　＃2　発行済株式（＃2-1）の総数のうちに次に掲げる株式の数を合計した数の占める割合が百分の五に満たない場合の当該株式を除く。以下この項において同じ。
　＃2-1　自己が有する自己の株式を除く。
　＃3　以下この項において「直接完全支配関係」という。

さらに，この法人税法施行令4条の2第2項にある「前条第1項に規定する特殊の関係のある個人」とは，下記のとおりです。

第4条　法第2条第10号（同族会社の意義）に規定する政令で定める特殊の関係のある個人は，次に掲げる者とする。
　一　株主等の親族
　二　株主等と婚姻の届出をしていないが事実上婚姻関係と同様の事情にある者
　三　株主等（＃1）の使用人
　四　前3号に掲げる者以外の者で株主等から受ける金銭その他の資産によつて生計を維持しているもの
　五　前3号に掲げる者と生計を一にするこれらの者の親族
　　＃1　個人である株主等に限る。次号において同じ。

濱田）本法で，完全支配関係とは，［1］当事者間の完全支配の関係［2］法人相互の完全支配の関係の2通り，つまり，縦の関係の場合と，横の関係の場合があるとされています。

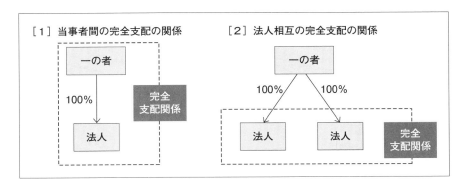

岡野）この［１］における完全支配関係とは，「一の者が法人の発行済株式等の全部を保有する場合における当該一の者と当該法人との間の関係」ということなので，一の者が法人を100％を保有している場合における，その一の者とその保有されている法人との関係，ということですね。ここでは，「一の者」の理解が重要になりそうですね。

村木）まず，この「一の者」は，個人だけではなく法人も含む概念です。この「一の者」の括弧書きにも「その者が個人である場合には」とあり，当然に法人も含むということが読み取れます。

白井）その括弧書きの続きには，「その者が個人である場合には，その者及びこれと前条第１項に規定する特殊の関係のある個人」とあり，その個人の親族や特殊関係者を含んだグループを一の者と認定することになります。

内藤）この親族の範囲については，税法で規定をしておらず，民法における親族概念を借用しています。つまり，６親等内の血族，配偶者，３親等内の姻族ですね。

> **民法第725条（親族の範囲）**
> 次に掲げる者は，親族とする。
> 一　6親等内の血族
> 二　配偶者
> 三　3親等内の姻族

村木） 法人税法の同族会社だけではなく株価評価などでも税務上は同族株主というグループを設けていますが，この同族の範囲は，広すぎますね。親族関係が希薄化しつつある現代だと，実際に顔を合わせたこともない人同士が同族関係としてグループとなることも想定されます。6親等も離れた親族を同族関係のグループとして一括りにしてしまうこと自体が今の時代においてはナンセンスだと思いますね。

濱田） そこは今後の改正を期待したいところですね。さて，話を戻して，個人における一の者は，ある株主とその親族特殊関係者だとわかりました。実際に以下の株主構成の場合に，A社とB社はどのような判定になりますか（図1参照）。

　A社株主構成
　　夫（甲）　　90％
　　妻（乙）　　10％
　B社株主構成
　　妻（乙）の4親等親族（丙）　100％

岡野） この場合は，A社株主の甲から見ればB社株主の丙は親族ではないですね。4親等姻族ですから，3親等姻族に収まっていません。
　ただ，同じくA社の株主である乙から見れば，甲（配偶者）も丙（4親等血族）も親族に該当します。したがって，甲も丙も「一の者」となり，A社とB社は完全支配関係にある，と考えるのですね。

【図1】

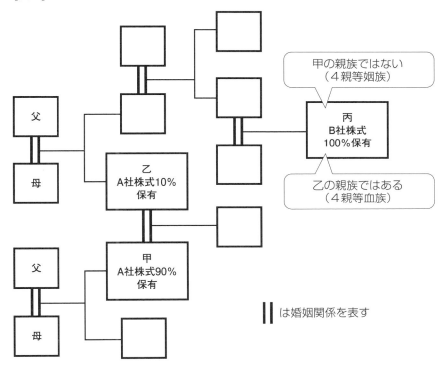

は婚姻関係を表す

村木）そうですね。株主の誰かを基準にして親族に該当する者同士は，「一の者」として考える。法人税基本通達1－3－5の規定を参考に考えれば，そのようになるのが自然だと思います。

内藤）株主の誰かというのは，代表者等に限らず，株主であれば，だれでもよいのですね。その人を中心に考えて，一の者となるかどうかということだと。では，次のケースではどうでしょうか（図2参照）。

A社株主構成
  夫（甲）　100%
  妻（乙）　　0%

B社株主構成
妻（乙）の4親等親族（丙）　100％

【図2】

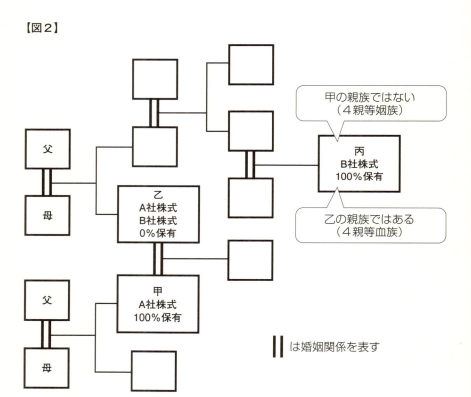

岡野） この場合は，A社100％株主である甲から見ればB社100％株主である乙は親族ではないですね。4親等姻族ですから。つまり，A社とB社は，完全支配関係にない，と結論付けていいのですよね。

内藤） この場合にA社株主でもB社株主でもない乙から見れば，甲（配偶者）も丙（4親等親族）親族と考えることができます。となれば，甲も丙も「一の

者」となり,A社とB社は完全支配関係にある,と考える可能性はないのでしょうか。

白井)そんなバカなことがあるのですか。それならば,各株主の親族のその親族まで「一の者」の中心点になってしまいます。最大12親等です。直接の株主ではない者まで,このような判定をする必要があるとは思えません。

濱田)しかし,この一見驚くような説を支持している記事が存在します。

税務通信3153号(2011年02月28日)
税務の動向
グループ法人・資本関係取引等税制Q&A⑤
Q:21 それでは,図4のような甲社,乙社,丙社の3社も完全支配関係があるといえるのでしょうか。

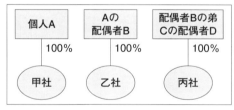

甲社株主構成
　A(夫) 100%
乙社株主構成
　B(妻) 100%
丙社株主構成
　D(妻の弟Cの配偶者) 100%(夫Aから見ると親族外)

A:図4のケースについても,Bを基準とすると,AもDも,Bの親族に該当します。
　したがって,甲社,乙社,丙社の3社はAの親族等を一の者とした,個人による完全支配関係(一の者との間に当事者間の完全支配関係がある法人相互の関係)があるといえます。

村木）この論点について課税当局のオフィシャルな見解は出ていないと思います。実務で事故が起きる前に明確にしていただきたいと切に願います。

内藤）また、この条文には、もう1つ不思議な部分があります。法人税法施行令4条の2第2項後段です。

> この場合において、当該一の者及びこれとの間に直接完全支配関係がある一若しくは二以上の法人又は当該一の者との間に直接完全支配関係がある一若しくは二以上の法人が他の法人の発行済株式等の全部を保有するときは、当該一の者は当該他の法人の発行済株式等の全部を保有するものとみなす。

つまり、グループの頂点の者のみが、グループ内法人の株式を直接に保有しているものとみなすとしています。論理的に、直接全部保有関係は2つ以上併存しないはずですから、この結果、中間で実際に直接保有している関係は、税法上は無視されることになります。ということは、グループ内グループを認めていないように読めます。

【発行済株式等の全部を直接又は間接に保有する関係】

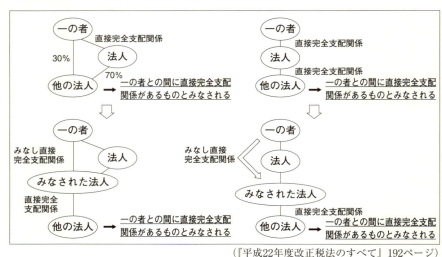

（『平成22年度改正税法のすべて』192ページ）

村木) もし仮にグループ内グループが観念できないのであれば,個人を一の者とする完全支配関係のある法人Aがあり,その法人Aがさらに完全支配する子法人B・子法人Cとの間では,寄附金・受贈益の損益不算入の規定は適用できないことになります。頂点が個人なので,法人による完全支配関係ではないことになるからです。

内藤) 一方で,グループ内グループが観念できるのであれば,法人を一の者とするサブグループ内では,寄附金・受贈益の損益不算入の規定が適用できることになります。グループ内グループを認めるかどうかで,この点は,結論が全くかわってしまいます。

岡野) 確かに条文上は疑義がありますが,主税局は,グループ内グループ,つまり完全支配関係の中に複数の完全支配関係が存在するという前提で解説をしていますね。

濱田) そのようですね。グループの頂点の者が,グループ内法人の株式を直接に保有しているものとみなすが,そもそもの直接完全支配関係も存在しているとの整理ですね。つまり,次の図でいうと,一の者はB社株式のすべてを保有するものとみなされるが,A社が実際にB社株式を保有している事実も消えず,両関係は共存するということですね。

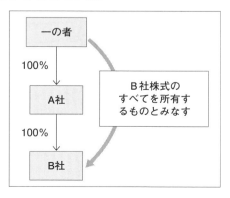

村木）本来は,「みなす」という以上,法律的には,事実を上書きする効果があるはずです。つまり,実際の直接全部保有関係とみなしの直接全部保有関係とが共存するという読み方は,通常できないのではないかと思います。

　ただ,あえて,主税局の肩を持つことも可能かもしれません。法人税法施行令4条の2第2項後段の「この場合において,（略）,当該一の者は当該他の法人の発行済株式等の全部を保有するものとみなす。」としていますから,区別の助詞『は』により,解釈上,共存があり得るかもしれません。仮に,この部分が「当該一の者『が』」であれば,定義そのものであり,共存がありえないので,文理解釈としてこの解説では無理がある,ということになるのでしょうね。

2　法人税法22条　無償の役務提供

1）条文名

法人税法22条2項

（各事業年度の所得の金額の計算）
第22条
2　内国法人の各事業年度の所得の金額の計算上当該事業年度の益金の額に算入すべき金額は，別段の定めがあるものを除き，資産の販売，有償又は無償による資産の譲渡又は役務の提供，無償による資産の譲受けその他の取引で資本等取引以外のものに係る当該事業年度の収益の額とする。

2）条文解釈上の論点

無償の役務提供による益金

3）条文における着目点

有償又は無償による資産の譲渡又は役務の提供

4）検　討

(1)　法人税法22条2項概論

村木）法人税法22条2項というのは，法人税法を学ぶ際，最初に，必ず確認する条文ですね。ただ，だから理解が確定しているかというと，そうでもないのですが。

内藤）生まれの問題がありますね。かつての商法，会計，税法の三位一体トライアングル体制と呼ばれた時代には，すべての基本は，会計あるいは商法でした。税法は固有の目的部分だけを修正すれば足りると理解されていましたから。

白井）うがった見方をすれば、公認会計士が、税務についての書籍を発刊するなど業界をリードしていた時代だったわけです。税法の条文を読まなくても、会計が基本を決めるのだという、正しいかどうかは別にして、気概を感じる部分もありました。

岡野）それが、平成10年代以後の法人税大改革で、一気に様相が変わってしまったのですね。税法が固有の領域を強く意識し始めた。俗に、会計と税務との家庭内離婚なんだという人もいますね。税法を条文の体系として、法律的に学んできたわけではない会計士さんたちには、非常に厳しい時代が来ているというのが、恐らく大半の感じるところではないですか。

濱田）歌を忘れたカナリアとは言え、会計士業界の分析は、寂しい気もしますね。ただ、まさに私はそのとおりで、非常に苦労しています。

村木）会計士だけでなく、税理士も同じ状況が生じつつありますと言っては、慰めにならないでしょうね。さて、脱線した話を元に戻しましょう。法人税法22条2項の解釈です。

内藤）資本的取引以外の収益を広く解釈し、簿記的な取引に限定しないというのが、オーブンシャホールディング事件以来の通説的理解でしょう。

白井）個人間で言えば、相続税法7条から9条が発動するような経済的利益について、この条文がカバーする印象です。

(2) 法人税法22条2項の読み方（基本編）

岡野）ここで、法人税法22条2項の基本的な知識を確認しておきましょうか。重要な条文ですが、意外にきちんと読めない人が多い印象です。

濱田）まず，「資産の販売」というのが，その後の「有償」「による資産の譲渡」と区別されているのは，棚卸資産の販売を通常「譲渡」と呼ばないこともあり，分けて規定されたようです。

村木）次に，「有償又は無償による資産の譲渡又は役務の提供」です。これは，資産の譲渡者あるいは役務提供者において，有償であっても無償であっても，益金が生じることになるとの規定です。条文を読む際のポイントは，「有償又は無償による」が，その後の「資産の譲渡又は役務の提供」とたすき掛けになるということです。

内藤）「有償による資産の譲渡」「無償による資産の譲渡」「有償による役務の提供」「無償による役務の提供」の4パターンが書き分けられているわけですね。

白井）そして，「無償による資産の譲受けその他の取引」です。これは，資産の譲受者側の話です。
　ここで，「有償による資産の譲り受け」がないのは何故かという人がいます。時価で譲受けがなされた場合には，益金は生じないのは当然です。ただ，時価よりも低額での譲受けに対応する規定が必要です。「無償」というのは，本当に対価ゼロの場合だけでなく，時価よりも低額での譲受けの場合を含むことになります。

岡野）さらに，無償による役務の受領がないのは何故かという論点がありますが，これは後で扱います。ここでは，もう1つ，「その他の取引」という表現における「の」に注目すべきです。

濱田）「その他の取引」と「その他取引」とは，意味が違うのですね。「その他の」は「例示の「の」」と呼ばれ，その直前に並んでいる項目は，「その他の」

の後の属性の例示になるということです。しかし,「の」がない「その他」だと,その前に並んだ項目と,「その他」の後とは,並列の関係ということになります。

例)
「岡野,村木,その他のイケメン」　　……岡野・村木はイケメン
「白井,内藤,濱田,その他イケメン」……白井・内藤・濱田はイケメンとは限らない

(3) 無償の役務提供が益金を構成する理屈

岡野) そうですね。それを前提にして,ここで扱うのは,無償の役務提供がどうして益金を構成するのかです。

濱田) 通説の22条2項と37条とのコンビネーションだという理解では足りないわけですか。収益認識した上で,寄附金扱いして損金算入制限するという。

【資産の無償移転仕訳】

| 寄附金 | / | 譲渡収入 |
| 譲渡原価 | / | 資産（簿価） |

村木) 資産移転の場合は,それでよいのです。低額譲渡の場合なら,資産移転により,時価相当額による益金が実現し,原価が損金となることで,所得が生じます。そこで得られた対価の額が,時価譲渡額に不足すれば,寄附として損金不算入額が生じます。

しかし,役務提供の場合にも,その説明が妥当するかどうかが問題なのです。

岡野) 税務仕訳で確認しておきましょうか。

【無償の役務提供者（無利息貸付け側）】

諸口	100	／	受取利息 （法法22②）	100
寄附金 （法法37①）	100	／	諸口	100

課税庁自身による説明も参照しておきます。

---

51. 無利息貸付をした場合の収益の額

問）当社は，非同族会社ですが，業況不振の子会社に無利息で融資をしたいと考えております。

この融資をした場合，税務上問題となることはないでしょうか。

答）その融資額について通常収受すべき利息相当額を収益とし，同額の寄附金の支出があったものとして取扱われます。

解説）無償による役務の提供は，法人税法上益金に算入されることとなっています（法22②）。これは，営利の追求を目的とする法人である会社が他の者と取引を行う場合には，経済人として行動するはずであることから，すべての取引は時価により行われることを前提として法人税の課税を行うのが適当であるとする考え方によるものと思われます。

ところで，無利息融資の利息相当額が収益となるか否かは議論がなくはありません。例えば，親会社が子会社の倒産により取引関係の途絶することを防止するために無利息融資をした場合には，無利息としたことが私法上経済的合理性を有するとして，法人税法上利息相当額の収益は発生しないとする下級審の判決があります（大津地裁41（行ウ）1号，昭47.12.13判決）が，この事件の上級審においては，通常収受すべき利息相当額の収益が発生するとされて下級審の判決が取消されています（大阪高裁昭47（行.）42号，昭53.3.30判決）。

この考え方が，一般に支持されている（東京高裁昭48（行.）37号，昭50.5.28判決参照）と思われますので，貴社においても通常収受すべき金額を益金に算入しなければならないことになります。

一方，この利息相当額は，子会社への贈与ということになりますから寄附金（法37⑤，⑥）となり損金算入限度額の範囲内の金額が損金に算入されることになります。

（出典：水口衛監修・岩見彰編『回答事例による法人税質疑応答集』
大蔵財務協会，昭和55年，p.70）

文中の大阪高裁昭53.3.30判決は，俗に言う清水惣事件のことですね。下記税大論叢が参考になります。

「無利息融資と法人税法22条2項及び37条5項（大阪高裁昭和53年3月30日判決）」中村利雄（https://www.nta.go.jp/ntc/kenkyu/ronsou/12/110/ronsou.pdf）

(4) 無償の役務受領は益金の額を構成しない

村木）次に，無償による役務の受領側ですが，実は，法人税法には規定がありません。

内藤）つまり，役務の提供を無償又は低廉で受けた場合には，益金の額が計上されないというのですね。

濱田）え，タダで何かしてもらっても，もらった側で経済的利益を認識しないのですか。法人は経済的存在だというスローガンからすると，違和感があります。ただ，確かに，条文に明記はしていないようですが，これはわざわざ抜いて規定していたとは，気が付きませんでした。

岡野）法人税を理解する上で，とても大事なことなのですが，益金だけを見てはいけませんよね。同時に，対応する損金がどうなるのか，ということを常に両睨みしておくことが必要です。

で，役務の提供を受けたとして益金の額を計上させても，同額の損金が認定されるはずです。結果として，所得金額の計算には，影響を与えない，そのように立案担当者たちは考えたようです。

```
支払利息    100   ／未払利息        100
━━━━━━━━━━━━━━━━━━━━━━━━
未払利息    100   ／受贈益（免除益） 100
```

村木）何故、このように両建てで損金が認定されるのかは、立案担当者解説ではありませんが、下記解説がわかりやすいと思います。

> 無償による役務の受入れについても収益は発生する。これが明文として規定化されていないのは、役務の無償受入れ（例えば、運送業者から無償で運送用役の給付を受けた場合。）はそれが即時的に費消され、したがって期間配分の対象とはならないばかりか、費用の節減（運送経費の支払免除）を通じて収益面へ積極的に顕現する特性を有するがゆえに、ことさら収益についての特別の認識を行う必要がないことによるものである。

（出典：武田隆二『法人税法精説　平成3年版』森山書店、平成3年、p.62）

白井）なるほど。ただ、本当に、常に益金の額と損金の額は同額になるのでしょうか。通常は、確かに問題がないようですが、例外事象もカバーしているのか、直感的にはちょっと怪しい気がします。

内藤）流石、「直感の白井」ですね。受けた役務提供の内容次第では、例えば、税務上の繰延資産になるように、役務提供の発生時期と、税務上の所得計算時期が異なる場合がありますよね。なので、この説明は、本来、不完全なのだろうと思われます。

村木）さらに、両建の期間が仮に同時だとしても、わかりやすく言えば、会計上、両建て仕訳が計上されたとしても、いわゆる永久差異項目がありますよね。例えば、費用にはなるが、税務上の接待交際費や寄附金に該当してしまう場合です。

濱田）なるほど。現状は、これらの部分が、暗黙の了解として処理されているのですね。しかし、本来は、条文をプログラムとしてきちんと論理的に整備しておくべきだというわけですか。

村木）そうですね。そのほうがすっきりすると思います。

白井）このあたりで、整理をしておきます。つまり、上記の違和感をいかに説明するかなのですが、法人税法22条に無償役務の受領側の課税関係について、論者により2つの対立があります。

　　［1］寄附金に対応する受贈益が生じているが、同時に認定損が生じるので、両建て仕訳が生じるが、意味がないので明文規定がないだけだ。

【無償の役務受領者（無利息借入れ側）】

諸口	100	/	受贈益 （法法22②？）	100
支払利息 （法法22③？）	100	/	諸口	100

岡野）ここで、認定損として、支払利息が計上されるのが、ポイントでしょうね。結果、同額の損益で効果が相殺されているとします。

村木）しかし、上記のように簿記的仕訳を想定すること自体が間違いだとの考え方もあります。

　　［2］条文規定がない以上、法人税法は損金も益金も生じさせない。

【無償の役務受領者（無利息借入れ側）】

　　仕訳なし

　実定法としての条文がどうなっているのかとの視点でいえば、むしろこちらの［2］というべきなのだと思います。経済実質で考えると、［1］が念頭にあるのは間違いありませんが、法人税法の選択は、こちらではないかと。

濱田）私のように会計から税務に入ってくると［1］で何ら違和感を覚えませんが、税法をあくまでも条文だと考えれば、あり得ないと言われるわけですか。

白井）当事者の片方だけで課税関係が生じるとするのは，確かに違和感があるのですが。しかし，条文に根拠が見いだせないのも事実です。

内藤）この論点は，グループ法人税制導入までは，あまり実益がない議論でした。相殺されているというのも，最初から生じていないというのも，同じことですから。ところが，グループ法人税制が入ってきたことで，真正面から受け止めざるを得なくなりました。

(5) 資産移転の場合における損益中和化の仕組みは資産移転のみ

村木）さらに，この無償の役務提供の大きな論点は，グループ法人税制によるグループ内での損益中和化の仕組みが機能しているかどうかです。

内藤）完全支配関係のある法人間の資産移転に関しては，グループ法人税制により，譲渡損益が生じないことになります。ただ，それはあくまでも，資産移転についてだけなのですね。法人税法61条の13があって，譲渡損益調整資産を時価移転させた後，譲渡損益を同額の繰入あるいは戻入で繰り延べする際に，譲渡対価と時価との差額は，寄附金・受贈益として整理されます。

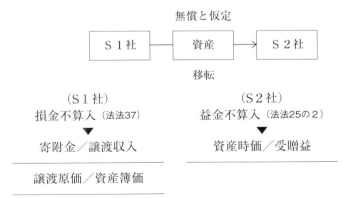

法人税法
第25条の2 内国法人が各事業年度において当該内国法人との間に完全支配関係（法人による完全支配関係に限る。）がある他の内国法人から受けた受贈益の額（第37条（寄附金の損金不算入）又は第81条の6（連結事業年度における寄附金の損金不算入）の規定を適用しないとした場合に当該他の内国法人の各事業年度の所得の金額又は各連結事業年度の連結所得の金額の計算上損金の額に算入される第37条第7項（第81条の6第6項において準用する場合を含む。）に規定する寄附金の額に対応するものに限る。）は、当該内国法人の各事業年度の所得の金額の計算上、益金の額に算入しない。

（寄附金の損金不算入）
第37条
2　内国法人が各事業年度において当該内国法人との間に完全支配関係（法人による完全支配関係に限る。）がある他の内国法人に対して支出した寄附金の額（第25条の2（受贈益の益金不算入）又は第81条の3第1項（第25条の2に係る部分に限る。）（個別益金額又は個別損金額の益金又は損金算入）の規定を適用しないとした場合に当該他の内国法人の各事業年度の所得の金額又は各連結事業年度の連結所得の金額の計算上益金の額に算入される第25条の2第2項に規定する受贈益の額に対応するものに限る。）は、当該内国法人の各事業年度の所得の金額の計算上、損金の額に算入しない。

岡野）37条と25条の2の発動と同時に、61条の13の発動事由である22条の譲渡ありき、ということですね。時価に引き直してからのキャッチボールです。

(6) 無償の役務の受領は譲渡ではないので61条の13は発動しない

濱田）なるほど、役務の提供・受領は、当たり前ですが、資産の移転ではなく、譲渡でないので、この流れに乗らないのですね。

白井）そうなると、原則規定である22条に戻ってくるわけですが、役務提供の受領には時価認識プログラムが抜けていることが響いてくるのですね。無償や低額の場合に、譲渡のような引き直し計算をする根拠がありません。

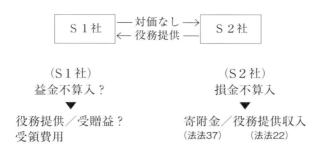

内藤）37条の寄附金，25条の2の受贈益による損益不算入規定はあるが，役務提供の受領をそもそも受贈益として認識することにしていない。前工程（22条）が機能していないのだから，後工程（37条・25条の2）が働きようがないのですね。

岡野）批判者からいえば，現在の処理では，益金の額に入らないものを，入るものとして処理しているということですね。

村木）この点を確認するため，まずは，グループ法人税制導入後の課税庁による税務仕訳の説明を確認しておきましょうか。

【無償の役務提供者（無利息貸付け側）】

諸口	100	/	受取利息	100
			（法法22②）	
寄附金	100	/	諸口	100
（法法37②）				

【無償の役務受領者（無利息借入れ側）】

諸口	100	/	受贈益	100
			（法法25の2）	
支払利息	100	/	諸口	100

白井）グループ法人税制では，貸付け側での寄附金は全額損金不算入となり，受取利息だけが課税され，借入れ側では受贈益が全額益金不算入で，支払利息が損金となると，説明されています。

> 資料2－4はG1からG2への金銭の無利息貸付けの例ですが，無利息貸付けを受けたG2においては，本来支払うべき支払利息の額100と受贈益の額100が相殺されますから，会計上の損益は生じません。
> しかしながら，今般の税制改正において，法人による完全支配関係がある内国法人から受けた受贈益の額については全額益金不算入とされたことから，この例のG2にあっては，支払利息の額を損金算入するとともに，受贈益の額を益金算入する両建て処理を行い，併せて，その受贈益の額を益金不算入とすることになります。
> 資料1－5の法人税基本通達4－2－6では，このことを明らかにしています。

(出典：森文人「平成22年度税制改正のうち主にグループ法人税制に関する通達及び質疑応答事例について」『租税研究』2010年12月号，p.12)

濱田）きれいな体系に見えますね。

白井）そうですね。成立していれば，そのとおりです。しかし，先の(4)の［2］の立場から言えば，そもそも成り立っていないのではないか，という問題があるわけです。

内藤）損益不算入対象の寄附金・受贈益については，仮にそれぞれの条文適用がなければ，損金算入される寄附金あるいは，益金算入される受贈益に限定しています。

「……受贈益の額（第37条（寄附金の損金不算入）又は第81条の6（連結事業年度における寄附金の損金不算入）の規定を適用しないとした場合に当該他の内国法人の各事業年度の所得の金額又は各連結事業年度の連結所得の金額の計算上損金の額に算入される第37条第7項（第81条の6第6項において準用する場合を含む。）に規定する寄附金の額に対応するものに限る。）……」（法法25の2①）

「……寄附金の額（第25条の2（受贈益の益金不算入）又は第81条の3第1

項（第25条の２に係る部分に限る。）（個別益金額又は個別損金額の益金又は損金算入）の規定を適用しないとした場合に当該他の内国法人の各事業年度の所得の金額又は各連結事業年度の連結所得の金額の計算上益金の額に算入される第25条の２第２項に規定する受贈益の額に対応するものに限る。）……」（法法37②）

　一見すると，きれいな対称形の条文であり，何の問題もなさそうですが，ここで，上記［２］の立場に立てば，益金になる受贈益なんてないじゃないか，となるわけです。

岡野）そうですね。［２］を前提にしてしまうと，グループ法人税制の規定は，いわば空振り規定であり，何をやっているのかわからないことになります。恐らく，現在の実務では，この点に目をつむって，受贈益を認識して，グループ法人税制の適用を行っている可能性があります。

村木）したがって，課税庁は，［１］の立場をとっているとしか理解できません。これを示すのが，法人税基本通達４－２－４（寄附金の額に対応する受贈益）の逐条解説です。

> **法基通４－２－４**　内国法人が当該内国法人との間に完全支配関係（法人による完全支配関係に限る。以下４－２－６までにおいて同じ。）がある他の内国法人から受けた受贈益の額が，当該他の内国法人において法第37条第７項《寄附金の損金不算入》に規定する寄附金の額に該当する場合であっても，例えば，当該他の内国法人が公益法人等であり，その寄附金の額が当該他の内国法人において法人税が課されない収益事業以外の事業に属する資産のうちから支出されたものであるときには，当該寄附金の額を当該他の内国法人において損金の額に算入することができないのであるから，当該受贈益の額は法第25条の２第１項《完全支配関係のある法人間の受贈益の益金不算入》に規定する「寄附金の額に対応するもの」に該当しないことに留意する。（平22年課法２－１「十四」により追加）

〔解説〕(1) 従来，子会社が負担すべき費用に相当する金額を親会社が負担したことにより，その負担した金額が親会社において寄附金の額に該当する場合であっても，子会社においては当該費用の額と受贈益の額が相殺され，所得金額に影響がないことから，あえて両建て処理を行わないこととしても法人税の課税所得の計算上特段問題は生じなかった。

しかし，平成22年度の税制改正において，法人による完全支配関係がある内国法人から受けた受贈益の額については益金不算入とされたことから（法25の2①），上記のような子会社にあっては，当該費用の額を損金算入するとともに，当該受贈益の額を益金算入する両建て処理を行い，併せて，当該受贈益の額を益金不算入とすることが必要となり，その所得金額に影響が生じることになった。

(2) 略

つまり，金銭の授受を伴わない経済的利益の供与を受けた場合，例えば，金銭の無利息貸付け又は役務の無償提供などを受けた場合ですが，従来は，両建て経理を行う必要がなかった。しかし，平成22年度税制改正で，両建て経理を行う必要性が生じた。そのように読めます。

内藤）まとめると，次の２つの立場が対立しているわけです。

［１］実は認識が必要だったが，今まで両建てだったので処理対象外としていた。

実定法上の定めがないことは，特に問題でないとの立場です。

［２］認識するための実定法上の定めがないのだから，そもそも処理できない。グループ法人税制の規定は，空振りだ。

課税庁は，［１］なのだと思いますが。

白井）なるほど。しかし，本来，法人税法の条文では，この部分は手当漏れになっているように思います。実定法の定めをおかずにというのは，ちょっと無茶ではないでしょうか。

村木）そうですよね。完全支配関係法人間での損益中和化を目指したグループ法人税制は，一つの税制の在り方として，確かに必要な方向性の改正だったと思うのです。

　しかし，いかんせん，拙速な改正であったような気がします。それまでの法人税法が，危うく保っている運用によるバランス面への配慮について，もう少し手当が必要だったのでしょう。

濱田）なるほど。グループ法人税制が入って，実定法上の定めがないことをどう説明するか。そのような問題が生じているのですね。

岡野）ただ，今更条文空振りといっても，「王様の耳はロバの耳」ですから，実務家としては，［１］で処理をせざるを得ないのでしょうけどね。

3 法人税法34条 定期同額給与の読み方

1) 条文名

法人税法34条

(役員給与の損金不算入)
第34条 内国法人がその役員に対して支給する給与(#1)のうち次に掲げる給与の<u>いずれにも該当しないものの額</u>は、その内国法人の各事業年度の所得の金額の計算上、損金の額に算入しない。

> #1 退職給与及び第54条の2第1項(新株予約権を対価とする費用の帰属事業年度の特例等)に規定する新株予約権によるもの並びにこれら以外のもので使用人としての職務を有する役員に対して支給する当該職務に対するもの並びに第3項の規定の適用があるものを除く。以下この項において同じ。

2) 条文解釈上の論点

法定の改定事由以外の事由で改定した場合の定期同額給与の損金不算入額は、全額なのか上積み部分だけなのかを条文で読み取れるか。

3) 条文における着目点

「いずれにも該当しないものの額」との表現は何を意味しているか。

4) 検 討

村木) 役員給与に関する法人税法34条は、法人税法22条3項に対する別段の定めになります。導入当時、非常に大きな話題となりました。この条文については、非常に不出来な条文であるとの批判が今でもあるようです。しかし、この条文が何故生まれ、また制度趣旨をどのように条文化したかを考えれば、その批判は的外れではないかと思います。ここでは、特に、期中改定における頻出論点について検討したいと思います。

内藤）具体的には，法定の改定事由以外の事由で期中改定した場合の定期給与の損金不算入額の範囲が問題となります。これについて，上乗せ部分のみが損金不算入になるとの解釈が，平成18年12月国税庁から出された「役員給与に関する質疑応答事例」の問1「定期給与の額を改定した場合の損金不算入額」で示されています。これによれば，以下のようになります。

例）月額を50万円から2月支給分より70万円に改定。

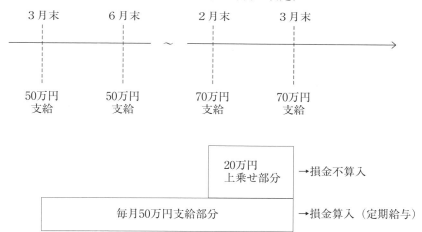

この例だと，上乗せした部分20万円×2月＝40万円が損金になりません。
　定期同額給与の判定は，羊羹を縦ではなく，横に切って，それぞれで行うことになります。

濱田）ただ，この質疑応答事例が登場した当時，条文ではそのように読めないではないかとの批判がありましたね。実際，条文を素直に読んでも，そのようには読めません。

白井）いや，それは，条文をちゃんと読めない人の故無き批判です。思い込み

で読んでしまうから，そのようになるだけです。

まずは，本条文の制度趣旨を確認してみると，平成18年度『改正税法のすべて』で読み取れます。

> 今般の税制改正においては，会社法制や会計制度など周辺的な制度が大きく変わる機会を捉えて，こうした役員給与の損金算入のあり方を見直すこととし，具体的には，従来の役員報酬に相当するものだけでなく，<u>事前の定めにより役員給与の支給時期・支給額に対する恣意性が排除されているもの</u>について損金算入を認めることとするとともに，従来課税上の弊害が最も大きいと考えられた法人の利益と連動する役員給与についてもその適正性や透明性が担保されていることを条件に損金算入を認めることとしました（p.323）。

このように，事前に決めたものであれば，それが適法かつ適正額である限りにおいて，所得計算上，損金の額に算入することを認めたものです。

岡野）このような制度趣旨から考えても，左記の結論の結果的妥当性はわかるでしょう。上記の図で言えば，毎月の50万円部分は，当初の定めどおりであり，損金不算入とする必要はさらさらありません。

村木）では，どう読めば，そのような結論が得られるかですが。ここで注目すべきは，1号の条文です。

> 一　その支給時期が1月以下の一定の期間ごとである給与（略）で当該事業年度の各支給時期における支給額が同額であるものその他これに準ずるものとして政令で定める給与（略）

この「事業年度の各支給時期における支給額が同額である」とは，各支給時期では判断ができないことを前提としています。つまり，事業年度終了の時において，各支給時期における支給額が同額だと初めて言えることになるわけです。

白井）平成18年改正前のように，支給の時点で，それまでの支給額と同額であるかどうかを基本として判断できるわけではなくなっているということですね。あくまでも，事業年度中に支給された，各人毎の役員給与の額を1号から3号に該当するかどうかを事後的にチェックする視点が採用されているのだと。

濱田）各支給時期における支給額を，支給時に，損金算入額と損金不算入額とに分けるという考え方が，そもそもおかしいということですか。

岡野）そうですね。通期で初めて判断ができるわけですから，途中では，損金算入できるかどうかの判断はできません。期中減額した場合に，遡及して従前支給額の一部が損金不算入になるのは，ある意味，当然のことだというわけです。

村木）そもそも，各支給時期における支給額の全額が，損金算入あるいは損金不算入，つまり，All or Nothingだとしたら，条文において「該当しないものの額」という表現はとらなかったはずです。該当するものがあるから，該当しないという表現をしているわけですから。

内藤）該当するものが1号から3号として損金算入されるということであり，該当しないものの額が損金不算入とされるわけですね。

村木）きちんと，制度趣旨を確認した上で，条文がどのような表現でその制度趣旨を実現する構成となっているかを確認する必要があるということです。

4　法人税法57条　欠損金の繰越し

1）条文名

法人税法57条

（青色申告書を提出した事業年度の欠損金の繰越し）
第57条　内国法人の各事業年度開始の日前9年以内に開始した事業年度において生じた欠損金額（#1）がある場合には，当該欠損金額に相当する金額は，当該各事業年度の所得の金額の計算上，損金の額に算入する。ただし，当該欠損金額に相当する金額が当該欠損金額につき本文の規定を適用せず，かつ，第59条第2項（会社更生等による債務免除等があつた場合の欠損金の損金算入）（#2），同条第3項及び第62条の5第5項（現物分配による資産の譲渡）の規定を適用しないものとして計算した場合における当該各事業年度の所得の金額の100分の50に相当する金額（#3）を超える場合は，その超える部分の金額については，この限りでない。

　　#1　この項の規定により当該各事業年度前の事業年度の所得の金額の計算上損金の額に算入されたもの及び第80条（欠損金の繰戻しによる還付）の規定により還付を受けるべき金額の計算の基礎となつたものを除く。
　　#2　同項第3号に掲げる場合に該当する場合を除く。
　　#3　当該欠損金額の生じた事業年度前の事業年度において生じた欠損金額に相当する金額で本文又は第58条第1項（青色申告書を提出しなかつた事業年度の災害による損失金の繰越し）の規定により当該各事業年度の所得の金額の計算上損金の額に算入されるものがある場合には，当該損金の額に算入される金額を控除した金額

2）条文解釈上の論点

- 制度を理解する。
- 一般的規定と組織再編成に関する規定とを区別する。
- 未施行法令と経過措置を確認する。
- 連結納税に関係がなければ，連結納税に関する事項は飛ばす。

3）条文における着目点

- 項数の多い条文は，項ごとに見出しを付ける。
- 読替え規定は読替え後条文をつくる。

4）検　討

(1) 原則的な規定

内藤）青色欠損金の取扱いは実務上それほど難しいものではなく，トラブルも生じていないと思いますが，条文を見るとその分量に圧倒され，なんとなく苦手意識をもってしまう方が多いようです。この規定はどのような点に注意をして読めばいいのでしょうか。

村木）誰でも冬山登山をする場合には，厳しい条件を想定しそれに対しての準備をするでしょう。この条文にかかわらず，条文の文言からその内容を理解するのは，準備なしで冬山登山するのと一緒で，かなり無理があるといえます。つまり，欠損金の取扱いを理解するためには，事前に欠損金に関する基礎知識を身につけておく必要があります。

濱田）しかし，その基礎知識を身につけても，この条文には苦手意識がつきまといます。それはどうしてでしょうか。

白井）それは，組織再編成と連結納税との調整に関する事項も規定されていて，ボリュームが多くなっているからですね。ですから，これらを飛ばして読めば意外といっていることはわかりやすいと思います。
　つまり，組織再編成や連結納税が関係なければ，2項から9項までと14項は飛ばしても構わないのです。

岡野）今回は取り上げませんが，この条文に関係する法人税法施行令は112条

と113条です。そして112条のほとんどと113条は組織再編成に関する規定と連結納税との調整に関する事項なのです。つまり、施行令も一般の法人には関係のないものが多いのが現実です。

内藤）なるほど。一般の法人に関しては1項と10項から13項までを理解すればいいのですね。では、具体的に条文の読み方の注意点を教えてもらえますか。

村木）一般的に青色欠損金は9年間繰越控除できると理解されていて、また、条文の見出しも欠損金の繰越しとなってはいます。しかし、条文上は、当事業年度開始の日前9年以内に開始した事業年度において生じた欠損金額が、当事業年度の損金の額に算入されると規定されています。

岡野）つまり、欠損金発生事業年度基準ではなく、欠損金控除事業年度基準となっている点に注意が必要です。欠損金額を繰り越すという規定ぶりになっていないということです。

白井）この繰り越しの対象から除かれている欠損金が2つ括弧書きで規定されていて、1つが過去事業年度の損金の額に算入されたもの、もう1つが欠損金の繰戻し還付で使ったものです。

> この項の規定により当該各事業年度前の事業年度の所得の金額の計算上損金の額に算入されたもの及び第80条（欠損金の繰戻しによる還付）の規定により還付を受けるべき金額の計算の基礎となつたものを除く。

濱田）以前はその事業年度の所得の金額を限度として欠損金額を損金の額に算入できましたが、今は所得の金額の一定割合を限度とする制限が課せられています。この割合のことを控除限度割合といい、1項ただし書では50％とされていますが、中小法人等や一定の条件を満たす法人の事業年度については、11項において100％とされています。

内藤）この控除限度割合を乗ずる所得の金額ですが，別表でいえばどこの所得の金額をいうのでしょうか。

村木）通常は別表四の「37の①」の金額で，この金額から，更生欠損金の損金算入がある場合は別表七（二）「9」の金額，民事再生等評価換えが行われる場合の再生等欠損金の損金算入がある場合は同表「21」の金額を控除した金額になります。つまり，次のものが控除される前の所得の金額です。

① この規定による控除額（法法57①）
② 災害損失欠損金の控除額（法法58①）
③ 会社更生法等による債務免除等があった場合の欠損金の損金算入額（法法59②③）
④ 残余財産の確定する事業年度の事業税の損金算入額（法法62の5⑤）

(2) 組織再編成に関する規定

内藤）組織再編成や連結納税に関する部分は飛ばした方がわかりやすいとのことですが，これらについても調べる必要が生じたときは，どのように対応すればいいのでしょうか。

村木）各条文には，その条の内容を端的に示す見出しが付いていますね。57条は「青色申告書を提出した事業年度の欠損金の繰越し」です。これと同じように，項にも見出しを付けてみましょう。各項に規定されている内容は違います。その内容を簡潔にした見出しを付けると条文の全体像をつかむことに役立ちます。

中には内容的に把握が難しいものもありますが，その場合は，省略してもいいでしょう。

【見出しの例】

法人税法	見出し	法人税法施行令	見出し
1項	欠損金の繰越控除		
2項	欠損金の引継ぎ	1項	被合併法人等の申告要件
		2項	引継欠損金の帰属事業年度
3項	欠損金の引継制限	3項	みなし共同事業要件
		4項	継続支配要件
		5項	支配関係事業年度以後の欠損金の引継制限
		6項	合併等前2年以内期間に特定適格組織再編成等があった場合の引継制限
		7項	関連法人に関する引継制限
		8項	関連法人に関する6項の準用
4項	欠損金の使用制限	9項	使用制限についての4項の準用
		10項	みなし共同事業要件についての3項の準用
		11項	使用制限についての5項から8項の準用
5項	期限切れ欠損金（59条）との調整	12項	59条が優先適用される欠損金
6項	連結納税離脱の場合の調整	13項	連結欠損金個別帰属額
7項	被合併法人が連結法人である場合の調整		
8項	被合併法人である連結法人における欠損金の引継ぎ不適用		
9項	連結納税加入・離脱による調整		
10項	申告要件等		
11項	損金算入限度額が所得金額である法人	14項	会社更生等による損金算入限度額制限除外事由
		15項	14項の除外事由が適用されない事実（会社更生）
		16項	14項の除外事由が適用されない事実（民事再生）
		17項	私的整理による損金算入限度額制限除外事由
		18項	新設法人による損金算入限度額制限除外事由
		19項	上場の日
12項	11項の適用要件		
13項	11項の宥恕規定		
14項	政令委任規定	22項〜24項	連結納税に関する各種調整規定
		25項	省令委任規定

濱田）この規定に関する施行令をみると準用規定，つまり読替え規定があります ね。112条には8項から11項まで，113条には4項と11項が読替え規定です。 これがとっつきにくくしている原因の一つといえるのですが，読替え規定への 対処方法はありますか。

白井）読替え規定ですから，読替え後条文を自らの手で作成するしかありません（下記対照表参照）。読替え規定だけを読んでわかったつもりになると勘違いが生じて痛い目に遭いますからね。

岡野）読替え規定は，ある取扱いを別の場面でも使う際に，一部の文言を取り替えるものですね。骨格となる部分はそのまま使うので，規定を理解していればそれほど難しいことはないと思います。

内藤）実際に施行令112条5項を11項により読み替えていただけますか。

村木）次のようになります。

読替え前条文	読替え後条文
5　法第57条第3項第2号に規定する政令で定める金額は，同項に規定する被合併法人等（以下この項において「被合併法人等」という。）の同号の支配関係事業年度以後の各事業年度で同号の前9年内事業年度（第2号において「前9年内事業年度」という。）に該当する事業年度（法第62条の7第1項（特定資産に係る譲渡等損失額の損金不算入）（同条第3項において準用する場合を含む。以下この項において同じ。）の規定（法第81条の3第1項（個別	5　法第57条第3項第2号に規定する政令で定める金額は，同条第4項に規定する適格組織再編成等（以下この項において「適格組織再編成等」という。）に係る合併法人，分割承継法人，被現物出資法人又は被現物分配法人となる内国法人の同条第4項第2号の支配関係事業年度以後の各事業年度で同号の前9年内事業年度（第2号において「前9年内事業年度」という。）に該当する事業年度（法第62条の7第1項（特定資産に係る譲渡等損失額の損金不算

益金額又は個別損金額の益金又は損金算入）に規定する個別損金額を計算する場合の法第62条の7第1項の規定を含む。）の適用を受ける場合の同項に規定する適用期間又は法第60条の3第1項（特定株主等によって支配された欠損等法人の資産の譲渡等損失額の損金不算入）の規定（法第81条の3第1項に規定する個別損金額を計算する場合の法第60条の3第1項の規定を含む。）の適用を受ける場合の同項に規定する適用期間内の日の属する事業年度又は連結事業年度に該当する期間を除く。以下この項において「対象事業年度」という。）ごとに，第1号に掲げる金額から第2号に掲げる金額を控除した金額とする。

一　当該対象事業年度に生じた欠損金額（法第57条第1項の規定の適用があるものに限るものとし，同条第2項又は第6項の規定により当該被合併法人等の欠損金額とみなされたもの及び同条第4項，第5項又は第9項の規定によりないものとされたものを含む。次号において同じ。）のうち，当該対象事業年度を法第62条の7第1項の規定が適用される事業年度として当該被合併法人等が法

入）（同条第3項において準用する場合を含む。以下この項において同じ。）の規定（法第81条の3第1項（個別益金額又は個別損金額の益金又は損金算入）に規定する個別損金額を計算する場合の法第62条の7第1項の規定を含む。）の適用を受ける場合の同項に規定する適用期間又は法第60条の3第1項（特定株主等によって支配された欠損等法人の資産の譲渡等損失額の損金不算入）の規定（法第81条の3第1項に規定する個別損金額を計算する場合の法第60条の3第1項の規定を含む。）の適用を受ける場合の同項に規定する適用期間内の日の属する事業年度又は連結事業年度に該当する期間を除く。以下この項において「対象事業年度」という。）ごとに，第1号に掲げる金額から第2号に掲げる金額を控除した金額とする。

一　当該対象事業年度に生じた欠損金額（法第57条第1項の規定の適用があるものに限るものとし，当該適格組織再編成等の前に同条第2項の規定により当該内国法人の欠損金額とみなされたもの，同条第6項の規定により当該内国法人の欠損金額とみなされたもの及び同条第4項，第5項又は第9項の規定によりないものとされたものを含む。次号において同じ。）のうち，当該対象事業年

第57条第3項第1号に規定する最後に支配関係があることとなつた日（以下この項及び次項において「支配関係発生日」という。）において有する資産（当該支配関係発生日の属する事業年度開始の日を法第62条の7第1項に規定する特定適格組織再編成等（次項において「特定適格組織再編成等」という。）の日とみなした場合に第123条の8第3項第1号から第5号まで（特定資産に係る譲渡等損失額の損金不算入）に掲げる資産に該当するものを除く。）につき法第62条の7第1項の規定（当該対象事業年度が連結事業年度に該当する期間である場合には，法第81条の3第1項に規定する個別損金額を計算する場合の法第62条の7第1項の規定）を適用した場合に同項に規定する特定資産譲渡等損失額となる金額に達するまでの金額

二　当該対象事業年度に生じた欠損金額のうち，当該被合併法人等において法第57条第1項の規定により当該前9年内事業年度の所得の金額の計算上損金の額に算入されたもの及び法第80条（欠損金の繰戻しによる還付）の規定により還付を受けるべき金額の計算の基礎となつたもの並びに法第57条第4項，第5項又は第9

度を法第62条の7第1項の規定が適用される事業年度として当該内国法人が法第57条第4項第1号の最後に支配関係があることとなつた日（以下この項及び次項において「支配関係発生日」という。）において有する資産（当該支配関係発生日を法第62条の7第1項に規定する特定適格組織再編成等（次項において「特定適格組織再編成等」という。）の日とみなした場合に第123条の8第14項（特定資産に係る譲渡等損失額の損金不算入）において準用する同条第3項第1号から第5号までに掲げる資産に該当するものを除く。）につき法第62条の7第1項の規定（当該対象事業年度が連結事業年度に該当する期間である場合には，法第81条の3第1項に規定する個別損金額を計算する場合の法第62条の7第1項の規定）を適用した場合に同項に規定する特定資産譲渡等損失額となる金額に達するまでの金額

二　当該対象事業年度に生じた欠損金額のうち，当該内国法人において法第57条第1項の規定により当該前9年内事業年度の所得の金額の計算上損金の額に算入されたもの及び法第80条（欠損金の繰戻しによる還付）の規定により還付を受けるべき金額の計算の基礎となつたもの並びに法第57条第4項，第5項又は第9項の

| 項の規定によりないものとされたもの | 規定によりないものとされたもの |

　ただ読み替えただけでは意味がわかりにくいと思いますので，制度の説明をしておきます。まず前提として第5項の解説をします。適格合併をすると，法人税法57条2項により被合併法人の欠損金は合併法人に引き継がれることになるのですが，これを無制限に認めると適格合併を租税回避に使われる恐れがあります。そこで，適格要件が比較的緩い支配関係のある法人間の適格合併があった場合において，これらの法人における継続支配関係が5年以下であるときは，みなし共同事業要件を満たさないと欠損金の引継ぎに制限を課すというものです。

濱田）被合併法人の欠損金額のうち，①支配関係発生事業年度前の欠損金額と，②支配関係発生事業年度以後の欠損金額のうち特定資産譲渡等損失額から成る部分の金額は合併法人に引き継がれないというものですね。つまり，支配関係が生じたときにおける欠損金額と，その後の欠損金額のうちそのときにおいて有する資産の損失から構成されるものは，支配関係前の損失であるから，これらの欠損金を合併法人に持ち込ませないという考え方です。

白井）そして，11項により読み替えられるのは，合併法人などの欠損金額の使用制限です。これは，被合併法人等の引継制限と同様に，合併法人などの欠損金のうち支配関係発生前に生じた損失等部分について，被合併法人等の含み益と通算させないことを目的とするものです。

岡野）この理屈を理解していれば読替え後の条文もすんなりと受け入れることができますね。

内藤）それにしても，関係する施行令を含めて，この条は用語の定義が沢山あ

りますね。これらを整理しておくことが必要でしょうね。そしてこの条以外で法人税法62条の7についてもわかっていないとこの条は理解できないのではありませんか。

村木）仰るとおりです。さらに，59条の期限切れ欠損金の損金算入規定と本条の欠損金の損金算入規定の両方の適用がある場合の整理規定もありますので，こちらの理解も必要です。

(3) 法改正への対応

濱田）ところで，この規定については，平成27年度改正と平成28年度改正で次の表のような改正がされましたね。最初に掲げてある条文は平成28年7月に法令データ提供システムで取得したものですね。これによれば，繰越期間は現行の9年となっているものの，控除限度割合が50％となっていて，現在適用される割合と異なっています。これはどのように理解すればいいのでしょうか。

平成27年度改正			平成28年度改正		
事業年度開始日	控除限度割合	繰越期間	事業年度開始日	控除限度割合	繰越期間
平成27年4月～平成29年3月	65％	9年	平成27年4月～平成28年3月	65％	9年
			平成28年4月～平成29年3月	60％	
平成29年4月～	50％	10年	平成29年4月～平成30年3月	55％	10年
			平成30年4月～	50％	

村木）法令データ提供システムに掲載されている法令は，ある時点で施行されている状態のものとなっています。この原稿を作成している現時点では，平成28年7月1日現在の施行法令が掲載されています。

　そこで，法令と改正法を確認すると，繰越期間9年を10年とする改正部分は

平成30年4月1日施行とされ，条文は変更されていないのと同じなので法令データ提供システムの法令は9年となっていますね。

岡野）一方，ただし書で規定されている控除限度割合の50％とする平成27年度改正は，平成27年4月1日から施行され，その上で，経過措置により65％としています。そして，この経過措置について平成28年度改正において平成28年4月1日から平成29年3月31日までに開始する事業年度は60％とすることが規定されています。

　こちらは条文の変更はされているけど，経過措置で待ったをかけられている状態です。

白井）現在の法令データ提供システムの法令が改正のすべてを反映していないなんて思いもしませんでした。改正があった項目については，未施行法令と経過措置に目を通す習慣をつけることが必要ですね。

内藤）改正が絡んでいるとはいえ，こんなに条文が複雑に入り組んでいると，ますます欠損金の条文が嫌いになってしまいそうです。

〔平成27年度税制改正（平成27年3月31日法律第9号）に関するもの〕

1　平成27年3月31日法律第9号の未施行内容
第2条　法人税法（昭和40年法律第34号）の一部を次のように改正する。
　第57条第1項中「9年」を「10年」に改める。
　第57条第2項中「9年以内」を「10年以内」に改める。
　第57条第2項中「前9年内事業年度」を「前10年内事業年度」に改める。
　第57条第3項第1号中「前9年内事業年度」を「前10年内事業年度」に改める。
　第57条第3項第2号中「前9年内事業年度」を「前10年内事業年度」に改める。
　第57条第4項第1号中「前9年内事業年度」を「前10年内事業年度」に改める。
　第57条第4項第1号中「9年以内」を「10年以内」に改める。
　第57条第4項第2号中「前9年内事業年度」を「前10年内事業年度」に改める。
　第57条第6項中「9年」を「10年」に改める。

第57条第7項中「9年以内」を「10年以内」に改める。
第57条第7項中「前9年内事業年度」を「前10年内事業年度」に改める。
第57条第8項中「前9年内事業年度」を「前10年内事業年度」に改める。

2 附則 抄
(施行期日)
第1条 この法律は，平成27年4月1日から施行する。ただし，次の各号に掲げる規定は，当該各号に定める日から施行する。
　七　次に掲げる規定　平成29年4月1日
　　イ　第2条中法人税法第57条第1項の改正規定（同項ただし書に係る部分を除く。），同条第2項の改正規定，同条第3項の改正規定，同条第4項の改正規定，同条第6項の改正規定，同条第7項の改正規定，同条第8項の改正規定
　　　（略）

(青色申告書を提出した事業年度の欠損金の繰越し等に関する経過措置)
第27条　新法人税法第57条（**第1項ただし書，第5項及び第11項から第14項まで**を除く。）（略）の規定は，法人の平成29年4月1日以後に開始する事業年度において生ずる欠損金額について適用し，法人の同日前に開始した事業年度において生じた欠損金額については，なお従前の例による。
2　法人の施行日から平成29年3月31日までの間に開始する事業年度の所得に係る新法人税法第57条第1項ただし書及び第11項並びに第58条第1項ただし書及び第6項の規定の適用については，これらの規定中「100分の50」とあるのは，「100分の65」とする。

〔平成28年度改正（平成28年3月31日法律第15号）に関するもの〕

1　改正法
第18条　所得税法等の一部を改正する法律（平成27年法律第9号）の一部を次のように改正する。附則第1条第6号及び第7号を次のように改める。
　七　削除
　　附則第1条第8号の次に次の1号を加える。
　八の二　次に掲げる規定　平成30年4月1日

イ　第2条中法人税法第57条第1項の改正規定（**同項ただし書に係る部分を除く。**），同条第2項の改正規定，同条第3項の改正規定，同条第4項の改正規定，同条第6項の改正規定，同条第7項の改正規定，同条第8項の改正規定（略）

　附則第27条第1項中「平成29年4月1日」を「平成30年4月1日」に改め，同条第2項中「平成29年3月31日」を「平成30年3月31日」に，「100分の65」を「当該法人の施行日から平成28年3月31日までの間に開始する事業年度については「100分の65」と，当該法人の同年4月1日から平成29年3月31日までの間に開始する事業年度については「100分の60」と，当該法人の同年4月1日から平成30年3月31日までの間に開始する事業年度については「100分の55」に改める。

2　附則
第1条　この法律は，平28年4月1日から施行する。

5　法人税法57条の2
　　欠損等法人の租税回避防止規定の発動事由

1）条文名

法人税法57条の2

（特定株主等によつて支配された欠損等法人の欠損金の繰越しの不適用）
第57条の2　内国法人で他の者との間に当該他の者による特定支配関係（#1）を有することとなつたもののうち，当該特定支配関係を有することとなつた日（#2）の属する事業年度（#3）において当該特定支配事業年度前の各事業年度において生じた欠損金額（#4）又は評価損資産（#5）を有するもの（#6）が，当該支配日（#7）以後5年を経過した日の前日まで（#8）に次に掲げる事由に該当する場合には，その該当することとなつた日（#9）の属する事業年度（#10）以後の各事業年度においては，当該適用事業年度前の各事業年度において生じた欠損金額については，前条第1項の規定は，適用しない。
（略）
　#1　当該他の者が当該内国法人の発行済株式又は出資（#1-1）の総数又は総額の100分の50を超える数又は金額の株式又は出資を直接又は間接に保有する関係その他の政令で定める関係をいい，政令で定める事由によつて生じたものを除く。以下この項において同じ。
　#1-1　自己が有する自己の株式又は出資を除く。
　#2　以下この項において「支配日」という。
　#3　以下この項において「特定支配事業年度」という。
　#4　前条第2項又は第6項の規定により当該内国法人の欠損金額とみなされたものを含むものとし，同条第1項の規定の適用があるものに限る。以下この条において同じ。
　#5　当該内国法人が当該支配日において有する資産のうち当該支配日における価額がその帳簿価額に満たないものとして政令で定めるものをいう。
　#6　内国法人のうち各連結事業年度の連結所得に対する法人税を課される最終の連結事業年度終了の日において第81条の10第1項（特定株主等によつて支配された欠損等連結法人の連結欠損金の繰越しの不適用）に規定する欠損等連結法人（#6-1）であつたものを含む。以下この条において「欠損等法人」という。

#6-1 　以下この条において「欠損等連結法人」という。
#7 　当該欠損等連結法人にあつては，政令で定める日。以下この項及び次項第1号において「特定支配日」という。
#8 　当該特定支配関係を有しなくなつた場合として政令で定める場合に該当したこと，当該欠損等法人の債務につき政令で定める債務の免除その他の行為（#8-1）があつたことその他政令で定める事実が生じた場合には，これらの事実が生じた日まで
#8-1 　第3号において「債務免除等」という。
#9 　第4号に掲げる事由（#9-1）に該当する場合にあつては，当該適格合併の日の前日。次項及び第3項において「該当日」という。
#9-1 　同号に規定する適格合併に係る部分に限る。
#10 　以下この条において「適用事業年度」という。

2）条文解釈上の論点

- トリガー規定の解釈
- 「その他の」と「その他」の使い方
- 同一者支配関係の理解

3）条文における着目点

本法から委任された規定が現時点ではまだ存在していない。

4）検　討

(1) 条文創設の趣旨

濱田）この条文は，平成18年度の税制改正で新たに創設された規定でしたね。どのような趣旨で創設されたのですか。

村木）1つ前の条文である法人税法57条は，青色欠損金の繰越控除等について規定したものです。法人の欠損金は9年間繰越控除されますが，例えば，第三者が繰越欠損金を有する法人の株式を買収してきて，その法人の事業を大幅に

変更してその結果所得が生じたとしても、その法人の欠損金の繰越控除は何ら制限を受けないものとされていました。

岡野）この条文が創設されるまでは、繰越欠損金を有する法人を買収してきて、自社の儲かる事業をその買収法人に移転して、課税所得を圧縮するというような租税回避行為が数多く見受けられたと聞いています。

濱田）なるほど。この条文は、法人の買収行為による欠損金の不当利用に待ったを掛けるために創設されたのですね。

村木）はい、平成18年度「改正税法のすべて」によれば、創設趣旨はそういうことになっているのですが。ただ、M&A実行時にはそのような租税回避を全く意図していないにもかかわらず、この規定により思わぬ制限を受けたという実務現場の悲鳴にも似た声を聞いたことがあります。

内藤）買収に、租税回避の意思があったか否かを客観的に判断するのは極めて困難ですね。一定のルールを置いて、あとは、形式基準によって、この規定を適用させるか否かを判断するしかないのでしょう。いわば、割り切りの世界です。

(2) 適用対象法人

白井）では、条文の中身を確認していきましょう。

　この規定の適用対象となる法人を「欠損等法人」と定義しています。具体的には、「内国法人で他の者との間に当該他の者による特定支配関係を有することとなつたもののうち、当該特定支配関係を有することとなつた日の属する事業年度において当該特定支配事業年度前の各事業年度において生じた欠損金額又は評価損資産を有するもの」ということになっていますね。

濱田）ここでいう特定支配関係は#1で規定されていますが，これは，組織再編成税制における支配関係と同様に理解すればよいのでしょうか。

> #1　当該他の者が当該内国法人の発行済株式又は出資（略）の総数又は総額の100分の50を超える数又は金額の株式又は出資を直接又は間接に保有する関係その他の政令で定める関係をいい，政令で定める事由によつて生じたものを除く。以下この項において同じ。

岡野）いえ，違うのです。法人税法施行令4条の2あるいは4条の3では，一の者による支配という関係が想定されています。支配者の傘下にあるかどうかつまり，上から下を見ている関係です。このような関係の中には，親子関係のような縦の関係もあれば，兄弟関係のような横の関係もあります。しかし，法人税法57条の2における特定支配関係では，下から上を見上げるだけなのです。

村木）もう少し条文に沿って説明しましょう。政令を確認してください。法人税法施行令113条の2第1項と2項です。

1項では，「他の者（略）と法人との間の当該他の者による支配関係（当該他の者と当該法人との間に同一者支配関係がある場合における当該支配関係を除く）とする」と定義しています。

つまり，1項は，受け身の支配関係を指しているわけです。これが，岡野さんの説明された，下から上を見た関係という意味です。

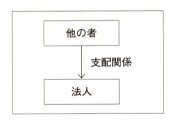

白井）そこで除外されている括弧書き部分の「当該他の者と当該法人との間に同一者支配関係がある場合における当該支配関係を除く」の内容をどう理解す

べきかですが。

　この同一者支配関係というのは，2項で説明してありますが，「他の者（法人に限る。）と法人との間に同一の者による支配関係がある場合におけるその支配関係」だといっています。

濱田）わかりにくいですね。頭がバーストしてきました。

村木）除外されているのは，親子孫の場合では，子と孫の関係はみないといっているのです。子と孫は，同一の者である親による支配関係がありますからね。

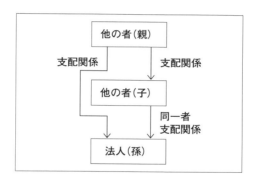

岡野）結局，除外の趣旨がわからないと，何をいっているのかわかりませんね。もし，この括弧書きがなければ，どういう弊害があるかということを考えてみましょう。

　S社が欠損金を持っている子会社SS社と5年超50％超支配関係があったとします。ここで，P社がS社を買収した時に，この括弧書きがなければ，S社とSS社との関係だけをみると，制限がかからなくなります。

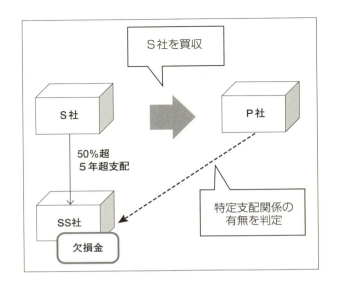

村木）端的に言えば，既存のグループ内グループの関係を認めないわけです。あくまでも，支配最上位のP社とSS社との関係で特定支配関係を考えて，欠損金利用を制限すべきですから。

白井）これって，落とし穴ですよね。組織再編成税制の条文だけ読んで，支配関係が5年超成立しているから，安心しているとドツボにはまりかねない。

内藤）そうですね。極端なケースでは，100％の親子孫関係が5年超続いていたとしても，親会社を子会社に逆さ合併させた場合，孫がこの制限規定に該当することがあり得るわけです。

岡野）実務では，まず，出会うことはないでしょうけどね。では，この条文の適用対象法人の話に戻しましょう。

内藤）適用対象法人をわかりやすく言うと，50％超の株式を第三者に買い取ら

れた「欠損金又は含み損資産を有する法人」のことで、この法人がこの条文の適用対象者ということです。欠損等法人の欠損「等」とは、含み損資産（法令113の2⑥）のことを指します。

岡野）つまり、実現した損失か、未実現の損失を抱えている法人又はそのような法人を子会社に抱えているグループ法人を買収する場合には、この規定を意識しないといけないのですね。

白井）はい、それはそのとおりなのですが、ただ、そのような法人を買収しただけで、租税回避だとみなされるわけではありません。条文によると、「当該支配日以後5年を経過した日の前日までに次に掲げる事由に該当する場合には、……前条第1項の規定は、適用しない。」となっていますから。

濱田）なるほど。逆に言うと、欠損金又は含み損資産を有する法人を買収してきても、買収後5年間に、条文でいう「次に掲げる事由」に該当しなければ、欠損金等の利用に制限はかからないということですね。では、「次に掲げる事由」を具体的に解説してもらえますか。

(3) トリガー規定の概要

村木）「次に掲げる事由」は、1号から6号まで用意されています。このような発動事由を列挙する規定を、俗にトリガー規定といったりします。まずは、1号です。典型的な場面を想定するなら、休眠会社を買い取って、その休眠会社で新たに事業を開始するような場合です。

- 一　当該欠損等法人が当該特定支配日の直前において事業を営んでいない場合（#1）において、当該特定支配日以後に事業を開始すること（#2）。
    - ＃1　清算中の場合を含む。
    - ＃2　清算中の当該欠損等法人が継続することを含む。

内藤） 通常は，新たな事業を開始するとしても，既存の会社でやるか，法人を新設すればよい話なので，敢えて休眠会社を買ってくる必要はありませんものね。そのような場合があるとすれば，それは，休眠会社にある欠損金等を利用することが目的だろうということですね。

岡野） 次に2号ですが。これは，1号と違い，買収会社に既に事業は存在するけれども，買収後に旧事業を廃止して，新規に資金を注入して大々的に新規事業を開始するような場合です。

> 二 当該欠損等法人が当該特定支配日の直前において営む事業（#1）の全てを当該特定支配日以後に廃止し，又は廃止することが見込まれている場合において，当該旧事業の当該特定支配日の直前における事業規模（#2）のおおむね5倍を超える資金の借入れ又は出資による金銭その他の資産の受入れ（#3）を行うこと。
> #1 以下この項において「旧事業」という。
> #2 売上金額，収入金額その他の事業の種類に応じて政令で定めるものをいう。次号及び第5号において同じ。
> #3 合併又は分割による資産の受入れを含む。次号において「資金借入れ等」という。

濱田） 資金注入については，旧事業の事業規模の5倍を超える資金借入等が要件の一つとなっており，この事業規模とは，売上金額，収入金額のほか，「その他の事業の種類に応じて政令で定めるものをいう」としていますが，この政令で定めるものとは具体的にはどのようなものですか。

内藤） 法人税法施行令113条の2第12項です。
1号に「資産の譲渡を主な内容とする事業」，2号に「資産の貸付けを主な内容とする事業」，3号に「役務の提供を主な内容とする事業」と区分し，それぞれ，「その資産の譲渡による売上金額その他の収益の額の合計額」，「その資産の貸付けによる収入金額その他の収益の額の合計額」，「その役務の提供による収入金額その他の収益の額の合計額」となっています。

村木）ちなみに，2号中にある「その他の」の「の」は，「例示の『の』」と呼ばれていて，「売上金額，収入金額その他の事業の種類に応じて政令で定めるもの」とある場合には，「売上金額，収入金額」は「その他の」後にくる「事業の種類に応じて政令で定めるもの」の例示に過ぎません。そのため，政令では，「その他の」の前に記載しているもの（売上金額，収入金額）も，再度，政令に記載されている必要があるのです。

濱田）では，3号はどのような場面を想定しているのでしょうか。

> 三　当該他の者又は当該他の者との間に政令で定める関係がある者（#1）が当該他の者及び関連者以外の者から当該欠損等法人に対する債権で政令で定めるもの（#2）を取得している場合（#3）において，当該欠損等法人が旧事業の当該特定支配日の直前における事業規模のおおむね5倍を超える資金借入れ等を行うこと。
> #1　以下この号において「関連者」という。
> #2　以下この号において「特定債権」という。
> #3　当該特定支配日前に特定債権を取得している場合を含むものとし，当該特定債権につき当該特定支配日以後に債務免除等を行うことが見込まれている場合その他の政令で定める場合を除く。次号において「特定債権が取得されている場合」という。

村木）3号は，株式と債権を同時に取得して，現在行っているよりも大々的に新規資金注入するケースを想定しています。海外法人を用いた租税回避スキームを念頭においていると考えられます。

岡野）当時，問題になっていたスキームは，債権償還益が非課税になっているオランダ法人を利用したものだと聞いています。

内藤）日本企業が，オランダ法人をコントロールしている前提ですが。
　まず，オランダ法人が，欠損だけあって事業を休止している日本法人を買収します。この際，この日本法人が抱えていた債務についての債権も二束三文で

買い取ってしまいます。

　次に，儲かる事業をその日本法人にさせて，利益が出たら保有していた欠損金と相殺してしまいます。

濱田）その後，儲かったら二束三文で買った債権の償還を行うのですね。その償還は，オランダの法人だと債権償還益は非課税になっている。そうするとすべてが無税で実行されてしまう。流石に目に余るので租税回避防止措置を導入したと。

白井）4号は，上記1号から3号までの一部条件が満たされている状況下において，適用事由が生じる前に，適格合併を行って青色欠損金を利用しようとするスキームを想定していると考えられます。

> 四　第1号若しくは第2号に規定する場合又は前号の特定債権が取得されている場合において，当該欠損等法人が自己を被合併法人とする適格合併を行い，又は当該欠損等法人（#1）の残余財産が確定すること。
> 　　#1　他の内国法人との間に当該他の内国法人による完全支配関係があるものに限る。

村木）ところで，「第1号若しくは第2号に規定する場合」とは，1号そのものあるいは2号そのものに該当する場合という意味ではありません。例えば，1号でいえば「当該欠損等法人が当該特定支配日の直前において事業を営んでいない場合」までを指しています。「場合」までの後に出てくる「当該特定支配日以後に事業を開始すること」までは指しません。たまに誤読する人がいますので，念のため。

濱田）私は，今まで完全に誤読していました。

内藤）5号については，青色欠損金を持っている会社を買ってきて，役員の総入れ替えと従業員の一定数の入れ替えとを行って，それまで行っていなかった

事業を大々的に行うケースです。

五 当該欠損等法人が当該特定支配関係を有することとなつたことに基因して、当該欠損等法人の当該特定支配日の直前の役員（＃1）の全てが退任（＃2）をし、かつ当該特定支配日の直前において当該欠損等法人の業務に従事する使用人（＃3）の総数のおおむね100分の20以上に相当する数の者が当該欠損等法人の使用人でなくなつた場合において、当該欠損等法人の非従事事業（＃4）の事業規模が旧事業の当該特定支配日の直前における事業規模のおおむね5倍を超えることとなること（＃5）。
　＃1　社長その他政令で定めるものに限る。
　＃2　業務を執行しないものとなることを含む。
　＃3　以下この号において「旧使用人」という。
　＃4　当該旧使用人が当該特定支配日以後その業務に実質的に従事しない事業をいう。
　＃5　政令で定める場合を除く。

白井）意図せずリストラしてしまうと、該当する場合があり得るのですね。怖いですが。

村木）ただ、条文をそのまま読めば、業務執行役員全員をクビにしてしまうのでなければ、従業員は全員クビでもいいのですね。まあ、役員全員クビでも、新規事業の事業規模がそれほど大きくならなければセーフですが。

濱田）ところで、役員の定義の括弧書きが、「社長その他政令で定めるものに限る。」となっているので、その他を受けた政令（法令113の2⑲）では、社長は含まず副社長から始まっているのですね。

19　法第57条の2第1項第5号に規定する政令で定めるものは、副社長、代表取締役、代表執行役、専務取締役若しくは常務取締役又はこれらに準ずる者で法人の経営に従事している者とする。

内藤）「その他」は、先ほど村木さんが説明した例示の「その他の」と違い、並列の関係を示します。役員のうち、社長については本法で規定しており、そ

れ以外の役員で該当するものの要件を政令で規定しているわけです。

白井）「社長その他の役員で政令で定めるもの」と書かれた場合には，単に社長というだけでは要件を満たさない可能性があるということですね。本法だけを見て，社長というだけで要件クリアとは読めなくなるのだと。

岡野）最後に6号の規定ですが，内容は，「前各号に掲げる事由に類するものとして政令で定める事由」となっていますが，政令で定めているのは，どのような事由なのでしょうか。

> 六　前各号に掲げる事由に類するものとして政令で定める事由

村木）実は，この政令は現行条文には存在していません。

濱田）それはどういうことでしょうか。

白井）いわゆる，待ち受け規定です。つまり，条文創設当初に想定していなかったような租税回避スキームが登場した場合に，国会を通さずに決められる政令によって網が掛けられるように事前に準備している規定と考えられます。

濱田）なるほど，備えあれば憂いなしということですね。主税局も用意周到ですね。

(4) 5年を経過した日の前日まで

内藤）ところで，上記1号から5号までのトリガー規定が発動される期間はいつからいつまでなのでしょうか？　例えば，平成27年9月1日に青色欠損金を抱えた法人の株式を50％超取得したとします。条文では，「当該支配日以後5年を経過した日の前日まで」が禊ぎの期間とされていますね。

村木）平成27年9月1日が支配日ですから，その日以後5年を経過した日は，5年後の応当日である平成32年9月1日ですね。この5年を経過した日の前日までが禊ぎ期間ですから，平成32年8月31日までが納税者を束縛する期間ということになります。

岡野）平成32年9月1日以降は，上記1号から5号に該当することとなっても，欠損金の利用に制限は受けないということになるのですね。

白井）ただ，平成32年9月1日以降に，当初存在した青色欠損金がどれくらい残っていることになるかはきちんと計算しておかなければなりません。

濱田）仮に，上記の設定で，平成29年3月15日に2号に該当することとなったとします。そうすると，該当することとなった日の属する事業年度以後の事業年度については，欠損金の利用ができないということなのですよね。

村木）はい。仮に本件の会社の決算期が3月末だとすると，平成29年3月期以後の事業年度からは，平成28年3月期末以前に生じた繰越欠損金の利用ができなくなります。

内藤）ただ，制限のかかる欠損金は，「適用事業年度前の各事業年度において生じた欠損金額」ですから，平成29年3月期以後の事業年度で生じた欠損金は対象外ということです。

岡野）仮に，欠損等法人の買収前の時価純資産超過額が欠損金額を上回っている場合でも，上記1号から5号のトリガー規定に該当してしまうと，欠損金の利用に制限がかかってしまうのですね。

村木）そのとおりです。適格組織再編成における欠損金の引継・使用制限では，

支配関係発生前に時価純資産超過額が欠損金額を上回っていれば，欠損金の引継・使用制限はかかりません。

白井）これは，仮に組織再編成を行わなかったとしても，再編成前の元会社で欠損金の利用を自社でできたのだから，その組織再編成は租税回避行為には当たらないという趣旨なのでしょうね。

濱田）なのに，欠損等法人では，時価純資産超過額が欠損金額を上回っていたとしても，容赦なく欠損金の利用に制限をかけているのですね。かなり厳しい規定です。

内藤）適格組織再編成における欠損金の引継・使用制限よりも厳しいと覚えておく必要がありますね。

6　法人税法61条の13
　　譲渡損益調整資産の繰延損益はいつ実現するのか

1）条文名

法人税法61条の13

第61条の13　内国法人（#1）がその有する譲渡損益調整資産（#2）を他の内国法人（#3）に譲渡した場合には，当該譲渡損益調整資産に係る譲渡利益額（#4）又は譲渡損失額（#5）に相当する金額は，その譲渡した事業年度（#6）の所得の金額の計算上，損金の額又は益金の額に算入する。

　　＃1　普通法人又は協同組合等に限る。
　　＃2　固定資産，土地（#2-1），有価証券，金銭債権及び繰延資産で政令で定めるもの以外のものをいう。以下この条において同じ。
　　＃2-1　土地の上に存する権利を含み，固定資産に該当するものを除く。
　　＃3　当該内国法人との間に完全支配関係がある普通法人又は協同組合等に限る。
　　＃4　その譲渡に係る対価の額が原価の額を超える場合におけるその超える部分の金額をいう。以下この条において同じ。
　　＃5　その譲渡に係る原価の額が対価の額を超える場合におけるその超える部分の金額をいう。以下この条において同じ。
　　＃6　その譲渡が適格合併に該当しない合併による合併法人への移転である場合には，次条第2項に規定する最後事業年度（注）
　　　（注）　被合併法人の合併の日の前日の属する事業年度をいう。

2　内国法人が譲渡損益調整資産に係る譲渡利益額又は譲渡損失額につき前項の規定の適用を受けた場合において，その譲渡を受けた法人（#1）において当該譲渡損益調整資産の譲渡，償却，評価換え，貸倒れ，除却その他の政令で定める事由が生じたときは，当該譲渡損益調整資産に係る譲渡利益額又は譲渡損失額に相当する金額は，政令で定めるところにより，当該内国法人の各事業年度（#2）の所得の金額の計算上，益金の額又は損金の額に算入する。

　　＃1　以下この条において「譲受法人」という。
　　＃2　当該譲渡利益額又は譲渡損失額につき次項又は第4項の規定の適用を受ける事業年度以後の事業年度を除く。

3 内国法人が譲渡損益調整資産に係る譲渡利益額又は譲渡損失額につき第1項の規定の適用を受けた場合（#1）において，当該内国法人が当該譲渡損益調整資産に係る譲受法人との間に完全支配関係を有しないこととなつたとき（#2）は，当該譲渡損益調整資産に係る譲渡利益額又は譲渡損失額に相当する金額（#3）は，当該内国法人の当該前日の属する事業年度の所得の金額の計算上，益金の額又は損金の額に算入する。

一 当該内国法人の適格合併（#4）による解散
二 当該譲受法人の適格合併（#5）による解散

#1 当該譲渡損益調整資産の適格合併に該当しない合併による合併法人への移転により同項の規定の適用を受けた場合を除く。

#2 次に掲げる事由に基因して完全支配関係を有しないこととなつた場合を除く。

#3 その有しないこととなつた日の前日の属する事業年度前の各事業年度の所得の金額又は各連結事業年度の連結所得の金額の計算上益金の額又は損金の額に算入された金額を除く。

#4 合併法人（#4-1）が当該内国法人との間に完全支配関係がある内国法人であるものに限る。

#4-1 法人を設立する適格合併にあつては，他の被合併法人のすべて。次号において同じ。

#5 合併法人が当該譲受法人との間に完全支配関係がある内国法人であるものに限る。

4 （略）

5 内国法人が譲渡損益調整資産に係る譲渡利益額又は譲渡損失額につき第1項の規定の適用を受けた場合において，当該内国法人が適格合併（#1）により解散したときは，当該適格合併に係る合併法人の当該適格合併の日の属する事業年度以後の各事業年度においては，当該合併法人を当該譲渡利益額又は譲渡損失額につき同項の規定の適用を受けた法人とみなして，この条の規定を適用する。

#1 合併法人（#1-1）が当該内国法人との間に完全支配関係がある内国法人であるものに限る。

#1-1 法人を設立する適格合併にあつては，他の被合併法人のすべて

6 内国法人が譲渡損益調整資産に係る譲渡利益額又は譲渡損失額につき第1項の規定の適用を受けた場合において，当該譲渡損益調整資産に係る譲受法人が適格合併，適格分割，適格現物出資又は適格現物分配（#1）により合併法人，分割承

継法人,被現物出資法人又は被現物分配法人(#2)に当該譲渡損益調整資産を移転したときは,その移転した日以後に終了する当該内国法人の各事業年度においては,当該合併法人等を当該譲渡損益調整資産に係る譲受法人とみなして,この条の規定を適用する。

  #1　合併法人,分割承継法人,被現物出資法人又は被現物分配法人(#1-1)が当該譲受法人との間に完全支配関係がある内国法人であるものに限る。
  #1-1　法人を設立する適格合併,適格分割又は適格現物出資にあつては,他の被合併法人,他の分割法人又は他の現物出資法人のすべて
  #2　以下この項において「合併法人等」という。

7　適格合併に該当しない合併に係る被合併法人が当該合併による譲渡損益調整資産の移転につき第1項の規定の適用を受けた場合には,当該譲渡損益調整資産に係る譲渡利益額に相当する金額は当該合併に係る合併法人の当該譲渡損益調整資産の取得価額に算入しないものとし,当該譲渡損益調整資産に係る譲渡損失額に相当する金額は当該合併法人の当該譲渡損益調整資産の取得価額に算入するものとする。

8　(略)

2) 条文解釈上の論点

なぜ,譲渡損益を繰り延べるのか。グループ法人税制の中心規定としての趣旨から解釈する。

3) 条文における着目点

繰延譲渡損益は何時どのような事由で実現するのか。組織再編成税制との整合性は確保されているのか。

4) 検　討

(1) グループ法人税制のなかの譲渡損益調整資産の位置づけ

白井)100%グループ内,つまり完全支配関係がある法人同士で,譲渡損益調整資産を譲渡するとグループ法人税制が適用され,譲渡損益が繰り延べられます。譲渡損益は,再譲渡や減価償却で実現しますが,その後のグループ法人の

状況や組織再編成によって思わぬ実現リスクが伴います。
　検討したいのは，グループ内で資産を譲渡した後の譲渡損益調整勘定の実現事由や，譲渡損益調整資産が組織再編成で移転すると譲渡損益調整勘定にどう影響するかということです。これを条文から読み取りましょう。

濱田） 平成22年度税制改正で創設されたグループ法人税制ですが，グループ内での資産の移転には課税しないというのが各々の制度に共通する特徴です。譲渡損益調整資産はその中でも中心的な規定といえますね。

白井） グループ法人税制は，多様な制度の総称ですので，1つの趣旨での説明が難しい。ただ分類は可能ですね。

内藤） 3つに分類できると思いますよ。1つ目は，グループ内の現物配当が適格現物分配として組織再編成税制に組み込まれ簿価移転が採用されたことと，発行法人への株式の譲渡についても，譲渡損益を非計上とすることになりました（法令8①十九）。要するに，資本取引にも簿価譲渡が採用されたことです。

村木） 100％子会社の解散による残余財産の分配も適格現物分配の範疇となります（法法2十二の十五，24①三）。現物資産は簿価承継となり，適格合併と同様に青色欠損金を引き継ぐこともできます（法法57②）。

岡野） 2つ目は，簿価1千万円以上の譲渡損益調整資産の譲渡について，その譲渡損益を繰り延べる改正です（法法61の13）。これがここで取り上げる条文です。

濱田） 3つ目が，寄附や金銭配当の取扱いです。まず，寄附金を支出法人で全額損金不算入（法法37②）とし，受贈法人でも受贈益を益金不算入（法法25の2）としました。グループ内の法人間での受取配当金の益金不算入について，

負債利子控除を不要としました（法法23①）。ともに利益積立金をグループ法人に無税で移動することを認めたわけです。

(2) 譲渡損益の繰り延べが実現する場合

白井）まず，1項で譲渡損益を繰り延べることになります。買い手は時価を取得価額とし，売り手では譲渡損益を譲渡損益調整勘定として計上する。このような処理になる理屈を教えてください。

岡野）適格組織再編成は別の法人間での資産移転でありながら，簿価での移転をさせますね。グループ法人税制は，グループ内での資産移転で譲渡損益を実現させるべきではないという考え方ですが，法人間で売買や寄附があった場合に，適格組織再編成のような簿価承継とすることはできません。

村木）適格組織再編成の場合は，単品で資産が移転することを基本としていません。事業が移転する中で資産や負債も移転するとの整理です。そのため，純資産も付随して移転するのですね。グループ法人税制であっても，仮に次のような処理にすれば技術的には可能です。

【仮に売買にも簿価移転を採用すると……】

```
譲渡側は簿価譲渡……
現金        1000  /  土地        600
                  /  利益積立金   400
取得側も簿価承継……
土地         600  /  現金       1000
利益積立金   400  /
```

　これだと売り手は簿価譲渡，買い手も簿価承継になります。しかし，このような制度は採用できません。何が問題かというと，グループ外に資産が移転したときに，取得側で譲渡損益を認識することになるからです。グループ法人税制は，あくまでも単体法人におけるグループを前提としています。異なる法人間での損益の付け替えを許すわけにはいきません。

内藤）逆に言えば，組織再編成税制では，損益の付け替えにならないように主体が一体とみることができるための要件が必要とされているのですね。

白井）なるほど。売買や寄附に簿価承継は採用できない。だから取得側では時価を取得価額とするわけですね。これで含み損益の移転は生じないと。

村木）売り手の処理は，簿価移転の処理を採用してもしなくても変わりません。別表四で加算（減算）留保された譲渡損益は，別表五（一）に利益積立金として保存されますので。これによって繰り延べた譲渡損益はいずれ売り手が譲渡損益調整勘定を取り崩すことで実現します。

白井）そうすると，思想としては，売り手では簿価譲渡，買い手では時価承継と位置づけてよいのですね。

```
譲渡側は簿価譲渡……
現金     1000  /  土地           600
              /  譲渡損益
                 調整勘定        400
                 （税務上の負債）

取得側は時価承継……
土地     1000  /  現金          1000
```

岡野）そのように思います。ただ，売り手の簿価譲渡は，いわば経過的な処理といえます。つまり譲渡損益調整勘定がいつ実現するのかが問題になってきます。

濱田）繰り延べた譲渡損益が実現するのは，買い手において譲渡損益調整資産の譲渡又は償却，評価替えがあったときですね。それが2項です。

> 2　内国法人が譲渡損益調整資産に係る譲渡利益額又は譲渡損失額につき前項の規定の適用を受けた場合において，その譲渡を受けた法人（#1）において当該譲渡損益調整資産の譲渡，償却，評価換え，貸倒れ，除却その他の政令で定める事由

> が生じたときは，当該譲渡損益調整資産に係る譲渡利益額又は譲渡損失額に相当する金額は，政令で定めるところにより，当該内国法人の各事業年度（#2）の所得の金額の計算上，益金の額又は損金の額に算入する。

それと売り手と買い手に完全支配関係がなくなった場合にも実現します。こちらは3項で規定されています。

> 3 内国法人が譲渡損益調整資産に係る譲渡利益額又は譲渡損失額につき第1項の規定の適用を受けた場合（#1）において，当該内国法人が当該譲渡損益調整資産に係る譲受法人との間に完全支配関係を有しないこととなつたとき（#2）は，当該譲渡損益調整資産に係る譲渡利益額又は譲渡損失額に相当する金額（#3）は，当該内国法人の当該前日の属する事業年度の所得の金額の計算上，益金の額又は損金の額に算入する。
> 一 当該内国法人の適格合併（#4）による解散
> 二 当該譲受法人の適格合併（#5）による解散

白井）譲渡損益の繰延措置は，含み損を抱えた資産をグループ内の売買で譲渡損を実現する行為を禁止するための租税回避防止税制でもあります。繰り延べた譲渡損益は，グループ外に譲渡した時点ではじめて実現するのがあるべき処理だと思うのですが。2項ではグループ内の再譲渡でも実現すると読めますね。

内藤）技術的には可能ですが。事務負担に配慮したのでしょう。グループ内の法人すべてを各々の法人が把握するのは困難であり，グループ内で再譲渡された資産を管理し続けるのは難しいからでしょう。そのため，譲渡された譲渡損益調整資産がグループ内で再譲渡された場合でも譲渡損益調整勘定は実現することになっています。この点では含み損を抱えた資産をグループ会社に譲渡した後，買い戻せば譲渡損が実現できてしまうなど，制度としての脆弱さがあると言わざるを得ませんが。

白井）譲渡のほかは貸倒れ又は除却，償却，評価替えがあったときですね。さらに施行令122条の14第4項で具体的に列挙されています。

村木) 例えばここでは，適格分割型分割による，分割承継法人への譲渡損益調整資産の移転が実現事由として列挙されています。グループ外の分割承継法人との間で適格分割型分割を行い，グループの外部に譲渡損益調整資産が出ていく場合が前提です（法令122の14④柱書，法法61の13⑥）。

白井) 外部に資産が移転したら実現するのは当然ですね。なぜわざわざ適格分割型分割だけ実現事由の条文を設けているのでしょうか。

岡野) 分割型分割による資産の移転は「譲渡」ではなく「引継ぎ」と表現されています（法法62の２）。つまり譲渡したら実現するが，分割型分割による引継ぎがあった場合はどうか，もちろん実現する，ということを明らかにしています。

白井) なるほど。では親会社から買い取った譲渡損益調整資産を持つ子会社が，適格合併で外部の法人に吸収された場合はいかがですか。この場合も資産は外部の合併法人に「引継」がれますね。しかしこの場合は特に条文がありません。

村木) いや，この場合の親会社は，外部に吸収された子会社とは完全支配関係がなくなります。次の(3)で検討する完全支配関係が切断したことによる実現です。

濱田) そしてグループ内での適格組織再編成については，６項で規定されています。ここは(4)で詳細に検討します。

> ６　内国法人が譲渡損益調整資産に係る譲渡利益額又は譲渡損失額につき第１項の規定の適用を受けた場合において，当該譲渡損益調整資産に係る譲受法人が適格合併，適格分割，適格現物出資又は適格現物分配（＃１）により合併法人，分割承継法人，被現物出資法人又は被現物分配法人（＃２）に当該譲渡損益調整資産を移転したときは，その移転した日以後に終了する当該内国法人の各事業年度におい

ては、当該合併法人等を当該譲渡損益調整資産に係る譲受法人とみなして、この条の規定を適用する。

岡野）グループ内での適格再編成では実現しないというのが6項ですね。仮に親会社が子会社に譲渡損益調整資産を譲渡して損益を繰り延べた。子会社がその資産を適格分割でさらに別の法人に移転した。これが再譲渡として親会社の損益実現事由になるかということです。グループ内での適格再編成では実現しない。これが6項です。

白井）なるほど。次に、実現する金額についてですが、全額が実現する場合と、一部が実現する場合があるのですね。

濱田）買主において、譲渡損益調整資産について譲渡や貸倒れ、除却、評価替えがあった場合は、元の売主では、譲渡損益調整勘定の全額が実現します。これに対し、固定資産や繰延資産において、買主が減価償却費の計上をしたときは、譲渡損益調整勘定に償却割合を乗じて実現する金額を計算します（法令122の14④三）。

$$実現する金額 = 譲渡損益調整勘定 \times \frac{償却費の損金算入額}{譲渡損益調整資産の取得価額}$$

村木）簡便法として、月数按分で譲渡損益調整勘定を取り崩す方法も認められます（法令122の14⑥⑦）。

$$実現する金額 = 譲渡損益調整勘定 \times \frac{その事業年度の月数（譲渡年は譲渡日から期末まで）}{買主の償却期間の月数}$$

(3) 完全支配関係がなくなった場合

白井）次に、譲渡損益調整勘定を計上している譲渡側法人か、譲渡損益調整資

産を計上している取得側法人のいずれかがグループから離脱した場合です。グループ法人税制の適用がなくなるわけですから，譲渡損益が実現するのですね。これが3項で規定されています。

内藤）売り手と買い手に完全支配関係がなくなったときは，売り手側で譲渡損益が実現するというわけですね。

濱田）グループから離脱するといっても，下図のように，売り手と買い手が一緒に譲渡される場合はいかがでしょう。過去に子会社から孫会社に譲渡損益調整資産を譲渡しており，子会社が譲渡損益を繰り延べている場合です。

村木）実現しません。売り手と買い手の完全支配関係が維持されるので譲渡損益調整勘定は実現しません。

【同時にグループを離脱する場合】（子会社・孫会社）

親会社　⇒　子会社株式Aを第三者に売却

```
              100％子会社A
  孫会社B株式      |  繰延勘定　××　……　繰延勘定は実現しない
                  |

              100％孫会社B
  譲渡損益調整資産　××  |
                      |
```

白井）そうすると次のように兄弟会社を同時に譲渡した場合だと実現するのでしょうね。子会社Aが売り手で子会社Bが買い手というような場合です。トップが替わると完全支配関係は途切れるはずです。

【同時にグループを離脱する場合】（子会社が兄弟会社）

岡野） いえ。この場合も実現しません。子会社ＡとＢの完全支配関係は継続していると考えるのです。兄弟間の完全支配関係は親会社が誰かを問わないのです。そのため，個人や外国法人が介在していても，内国法人同士で完全支配関係さえあれば，損益の繰延が適用されるのです。

> **法人税法第２条**
> 十二の七の六　完全支配関係　一の者が法人の発行済株式等の全部を直接若しくは間接に保有する関係として政令で定める関係（以下この号において「当事者間の完全支配の関係」という。）又は一の者との間に当事者間の完全支配の関係がある法人相互の関係をいう。

白井） しかし，親会社が入れ替わったら同じグループとはいえません。なぜ，条文は実現しないようになっているのでしょうか。

村木） 例えば，数多くの企業が存在するグループにおいて，末端の孫会社同士で譲渡損益調整資産の譲渡があり，その後，子会社ＡとＢが同時に売却されたような場合はどうでしょう。孫会社に計上している譲渡損益調整勘定がすべて実現してしまうのが適切だとはいえないのではないでしょうか。

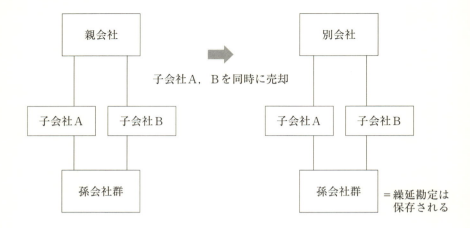

白井）なるほど。上場企業グループのような大規模なグループへの配慮なのですね。それだと納得です。ただ，同じ日の午前と午後に分けて売却したらどうなるのでしょう。やはり理屈としての問題はあると思います。さて，売り手と買い手に完全支配関係がなくなると譲渡損益調整勘定が実現するという検討をしましたが，いずれかが解散した場合はいかがですか。

内藤）売り手，買い手のいずれが解散しても，譲渡損益調整勘定は実現します。解散するわけですので，課税関係は終了させる必要があります。

岡野）ところがグループ内での適格合併による解散では実現しません。売り手，買い手のいずれが適格合併によって解散しても譲渡損益調整勘定は保存されます。3項の1号と2号で確認できます。

白井）解散の場合だと，解散会社の株主が完全支配関係のある法人だったとしても譲渡損益調整勘定は実現するのですね。

濱田）そうです。合併と解散には違いが表れます。

白井）グループ法人税制では，子会社の解散と子会社の吸収合併は同じ処理をするという理解もありますね。つまり，ともに資産が簿価承継されますし，青色欠損金も承継できます。また，親会社の子会社株式の簿価は資本金等の額で消却されます。しかしなぜ，譲渡損益調整勘定の取扱いには違いが生じるのですか。

村木）やはり合併は人格合一による包括承継，解散による残余財産の分配は個別の取引という違いがあるのでしょう。解散の場合は，譲渡損益調整勘定も清算の対象になるというわけです。

(4) 譲渡損益調整勘定は合併法人に承継される

白井）売り手がグループ内の法人との合併で解散した場合に，譲渡損益調整勘定は実現しないとすると，その後はどう管理されるのでしょうか。

内藤）合併法人に承継されることになります。売り手の地位を合併法人が引き継ぐわけです。これが，5項で確認できます。

白井）なるほど。では，買い手がグループ内での適格組織再編成を実行した場合はいかがでしょうか。やはり，売り手の譲渡損益調整勘定を取り崩す必要はないのですか。

内藤）はい。時価は実現しません。買い手が適格組織再編成を実施した場合の処理については，6項で規定されています。

濱田）譲渡損益調整資産を時価により移転することと，その後，譲渡損益調整資産を組織再編成により簿価承継をすることとを整合させるためにはどのような制度とする必要があるのか，という問題になります。ここは矛盾のない処理が可能でなければなりません。

白井）適格組織再編成による課税関係は，簿価承継で完了してしまいますが，グループ法人税制の場合は，売り手が計上した譲渡損益が，譲渡損益調整勘定として暫定的な処理にとどまっています。譲渡損益調整資産の売買による移転と適格組織再編成による移転は，どのように両者の整合性を確保しているのですか。

岡野）具体的には，適格組織再編成によって譲渡損益調整資産を受け入れた法人は，買主の地位を引き継ぐことになります。個別資産の譲渡ではないので，売り手の譲渡損益調整勘定は実現しません。

村木）グループ内において，適格合併，適格分割，適格現物出資又は適格現物分配があった場合ですね。下記の事例なら，法人Ａ，Ｂ，Ｃは完全支配関係があるという前提です。法人Ａから法人Ｂに土地（譲渡損益調整資産）が売買され，その後，適格組織再編成によって土地が法人Ｃに移転しても，法人Ａにおける譲渡損益調整勘定は実現しません。

白井）なるほど。では，各々の組織再編成について，検証したいと思います。
　［事例］法人Ａから法人Ｂに土地（簿価２千万円，時価１億円）を譲渡した。その後の法人Ｃへの組織再編成ではどうなるか。

【親子間の売買時の処理】

（法人Ａ）

| 現金 | １億円 | ／ | 土地 | ２千万円 | |
| | | ／ | 譲渡損益調整勘定 | ８千万円 | 譲渡損益を繰り延べる |

（法人Ｂ）

| 土地 | １億円 | ／ | 現金 | １億円 |

濱田）次の各々の組織再編成を実行すると，どのような処理になるのかを見てみましょう。

① 法人Bが法人Cに適格合併で吸収された
② 法人Bが土地を法人Cに適格分割型分割で移転させた
③ 法人Bが土地を法人Cに適格現物出資で移転させた
④ 法人Bが土地を法人Cに適格現物分配で移転させた

岡野）いずれも譲渡損益調整勘定は実現しません。売買で譲渡した後に，適格組織再編成が行われても，繰り延べた譲渡益は実現せず，組織再編成を妨げないよう配慮されているわけです。

内藤）なお，法人Aが適格合併で消滅した時は，合併法人が売り主としての地位を承継します。これは，すでに(3)で検討済みですね。

白井）では，合併で法人Aに土地が戻るとどうなるのですか。

⑤ 法人Aが法人Bを適格吸収合併した

```
法人A  ───→  法人B  ───→  法人A
繰延勘定   土地        土地
          （売買）    （適格合併）…… ⑤
```

岡野） 考え方は変わりません。土地は簿価承継されますが，繰延勘定は実現しません。結果，両建て計上になります。

合併後の法人A

土地	1億円	譲渡損益調整勘定 8千万円	… 土地の譲渡, 評価損計上等で実現

白井） なるほど。売り手と買い手が適格合併したときの譲渡損益調整資産と譲渡損益調整勘定の両建て計上というのは，不思議な処理ですが，条文の整合性で守られた結果なのですね。

(5) 譲渡損益繰延制度に隠された実現リスク

白井） さて，ここからは，繰り延べた譲渡損益が，適格組織再編成によって予期せず実現してしまうリスクについて検討します。

村木） 完全支配関係のある法人の株式をグループ内で譲渡したら譲渡益は繰り延べられます。その後に，いずれかの法人が適格合併で吸収され，解散したらどうなるか。これについて(4)では，譲渡後の適格組織再編成では譲渡損益調整勘定は実現せず継続されるという理解でした。しかし次のような事例では，結果として譲渡益が実現することになるのです。

　[事例]
　　当社は，100％支配するB社株式を，時価5億円でA社に売却し，譲渡益4億円を繰延処理している。

1　法人税法

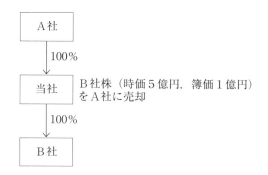

【売却後】

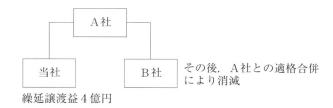

白井）上記の事例は，いわゆる孫会社を子会社化するために，B社株式の移動を行ったのですね。

村木）はい。問題はその後です。B社が，A社に適格合併で吸収されることになったとします。当社の繰延譲渡益は実現するか否か。

【合併後】

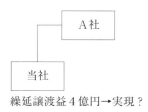

白井）A社が，B社を吸収合併してしまうため，譲渡損益調整資産であるB社

株式は存在しなくなりますね。

岡野） A社では，抱合株式であるB社株式を譲渡したものとして資本金等の額で消却します。この結果，B社株式が存在しないことになってしまうことから，当社における繰延譲渡益4億円が実現することになるのです。

【A社の合併による受入処理】

```
資産         ××  ／ 負債         ××
                ／ 資本金等      ××
                ／ 利益積立金    ××
資本金等   5億円 ／ B社株式     5億円 …B社株消滅
                                   （これを譲渡と考える）
```

白井） たしかに繰延譲渡益を温存できたら実現する機会を失います。しかし，2項の実現事由の条文解釈だけで読み取ることはできるのでしょうか。

村木） 札幌国税局の文書回答事例（「グループ法人税制における譲渡損益の実現事由について」）によって類似する事例が公表されています。条文上，合併によってA社は，B社株式を譲渡したことになりますから，譲渡損益調整資産が消滅しますので，再譲渡による実現と考えるのですね。

濱田） 資産の譲渡と適格組織再編成を組み合わせた一連の組織再編成を実行するにあたっては，実行前の段階で充分な検討が必要だという事例ですね。うかつに組織再編成税制やグループ法人税制を取り扱うのはリスクが高いということです。

(6) グループ内における非適格合併

白井） 最後に7項です。

岡野） 譲渡損益調整資産は，グループ内の非適格組織再編成で移転した場合であっても譲渡損益を繰り延べるのが基本です。仮に非適格分割なら移転元法人

は譲渡損益調整勘定を計上し，移転先法人は時価承継となります。グループ内の取引では譲渡損益は実現しない。それがグループ法人税制の立法趣旨です。

分割会社　　　→　　　新設分割会社
（繰延勘定）　　　　　（時価承継）

村木）ところが合併に限っては非適格であっても簿価承継が採用されています。それが7項です。例えば，合併対価を金銭にする場合や，100％子会社同士の合併を行った後に合併法人株式をグループ外に譲渡予定となっており継続保有要件に欠けるため非適格合併となる場合です。

白井）グループ内の合併では非適格であっても簿価承継となるのですね。なぜ，非適格組織再編成にもかかわらず簿価承継になるのですか。理屈を教えてください。

濱田）非適格合併では資産は時価で譲渡されたとみなされ，譲渡損益調整勘定が計上されるはずですが，譲渡損益調整勘定を計上した売主（被合併法人）は合併によって解散します。譲渡損益調整勘定は，そのまま，買主である合併存続会社に承継され，譲渡損益調整資産と両建て状態になります。その結果として譲渡損益調整勘定は，非適格合併によって取得した資産の時価とは相殺され，簿価承継になってしまうのです。

合併消滅会社　　→　　　合併存続会社
（繰延勘定）　　　　　　（時価承継）
　　　　　　　　　　　（譲渡損益調整勘定）
　　　　　　　　　　───────────
　　　　　　　　　差引　　簿価承継

白井）それが「当該譲渡損益調整資産に係る譲渡利益額に相当する金額は当該合併に係る合併法人の当該譲渡損益調整資産の取得価額に算入しないものとし，当該譲渡損益調整資産に係る譲渡損失額に相当する金額は当該合併法人の当該

譲渡損益調整資産の取得価額に算入するものとする。」と表現されているのですね。

【非適格合併による簿価での受入れ】
　グループ内の非適格合併で時価1500，簿価1000の土地を受け入れた。
（合併法人の受入仕訳）

土地	1000	／	資本金等の額	1500
利益積立金	500	／		

内藤）したがって，適格合併の場合と同様に含み損の制限が登場することになるのです。つまり，含み損を抱えた資産をグループ内の非適格合併で取り込み，合併後に譲渡して損失を計上することは制限されることになります（法法62の7）。

岡野）そして，存続会社の青色欠損金は使用が制限されることになります（法法57④）。消滅会社から含み益資産を簿価承継した場合，合併後にその資産を譲渡すれば，合併法人は譲渡益を実現することで青色欠損金と相殺できるようになってしまうからです。適格合併と同様に存続会社の青色欠損金には使用制限が生じることになるのです。

白井）わずかな譲渡損益調整資産が存在するがゆえに，多額の青色欠損金の使用制限が発生してしまうことも考えられるのですね。知らずに実行してしまうと取り返しの付かないことになりますね。

村木）ただし，適格合併の場合とは異なり，消滅会社の青色欠損金は問題になりません。そもそも非適格合併では，消滅会社の青色欠損金は承継されないからです。

7 法人税法62条の9
時価評価の対象となる「非適格株式交換等」

1）条文名

法人税法62条の9

(非適格株式交換等に係る株式交換完全子法人等の有する資産の時価評価損益)
第62条の9　内国法人が自己を株式交換完全子法人又は株式移転完全子法人とする株式交換又は株式移転（＃1）を行つた場合には，当該内国法人が当該非適格株式交換等の直前の時において有する時価評価資産（＃2）の評価益（＃3）又は評価損（＃4）は，当該非適格株式交換等の日の属する事業年度の所得の金額の計算上，益金の額又は損金の額に算入する。
（略）
　＃1　適格株式交換及び適格株式移転並びに当該株式交換又は株式移転の直前に当該内国法人と当該株式交換に係る株式交換完全親法人又は当該株式移転に係る他の株式移転完全子法人との間に完全支配関係があつた場合における当該株式交換及び株式移転を除く。以下この項において「非適格株式交換等」という。
　＃2　固定資産，土地（＃2-1），有価証券，金銭債権及び繰延資産で政令で定めるもの以外のものをいう。
　＃2-1　土地の上に存する権利を含み，固定資産に該当するものを除く。
　＃3　当該非適格株式交換等の直前の時の価額がその時の帳簿価額を超える場合のその超える部分の金額をいう。
　＃4　当該非適格株式交換等の直前の時の帳簿価額がその時の価額を超える場合のその超える部分の金額をいう。

2）条文解釈上の論点

時価評価の対象となる「非適格株式交換等」にはどのようなものが含まれるか。

3）条文における着目点

条文趣旨と文理解釈との整合性。

4）検 討

岡野）この法人税法62条の9は，非適格となる株式交換及び株式移転をした場合に，株式交換完全子法人又は株式移転完全子法人において生じる課税関係を規定した条文ですね。

白井）非適格の株式交換及び株式移転をした場合には，完全子法人が保有する資産が，時価評価されるというのはよく聞きますね。それだけの話ではないのですか。

内藤）一般的な書籍だとそこまでですが，条文を読み込んで初めて見える世界があるのです。

村木）そうなのです。条文の重要な部分は規定の適用条件となる以下の部分です。

> **第62条の9** 内国法人が自己を株式交換完全子法人又は株式移転完全子法人とする株式交換又は株式移転（#1）を行つた場合には，（略）
> ＃1 適格株式交換及び適格株式移転並びに当該株式交換又は株式移転の直前に当該内国法人と当該株式交換に係る株式交換完全親法人又は当該株式移転に係る他の株式移転完全子法人との間に完全支配関係があつた場合における当該株式交換及び株式移転を除く。（略）

　まず，この規定の対象となる株式交換・株式移転は，非適格となるものすべてではありません。非適格の株式交換及び株式移転のうち一定のものが，「非適格株式交換等」としてこの規定の対象とされています。
　「非適格株式交換等」とは，以下のもの以外と定義されています。
① 適格株式交換
② 適格株式移転
③ 当該株式交換又は株式移転の直前に当該内国法人と当該株式交換に係る

株式交換完全親法人又は当該株式移転に係る他の株式移転完全子法人との間に完全支配関係があった場合における当該株式交換及び株式移転

①と②は、適格要件を満たすものなので、シンプルですが、問題は③です。

濱田) 話を簡単にするために、③のうち株式移転に係る部分だけをピックアップしてみると、以下のようになります。

> 当該株式移転の直前に当該内国法人と当該株式移転に係る他の株式移転完全子法人との間に完全支配関係があつた場合における当該株式移転

つまり、③は、100%グループにいる2社が、共同で行った株式移転で、かつ、非適格となるもの、を指しています。

【共同株式移転】

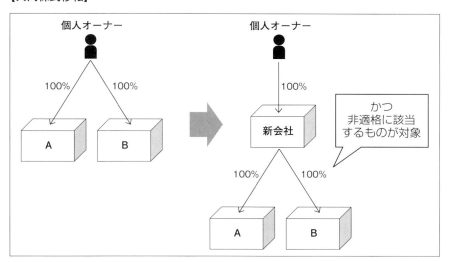

岡野) 適格組織再編成の場合に時価評価しないのは当然として、非適格であっても、時価評価しないでよい場合があるわけですね。

白井）この③に該当する非適格の株式移転としては，株式移転後に第三者から増資がされ100％関係が崩れてしまうことが見込まれるもの（法法2①十二の十七，法令4の3⑳）が考えられます。なぜ，このような非適格の株式移転を時価評価の対象外としているのでしょうか。

内藤）この規定は，平成22年度税制改正で導入された部分ですが，この改正時に創設されたグループ法人税制の影響です。100％グループ間での非適格の合併でも，譲渡損益を認識しないことになりました（法法61の13⑦）ので，その部分で整合性を取ったものといえます。

【共同株式移転（時価評価不要）】

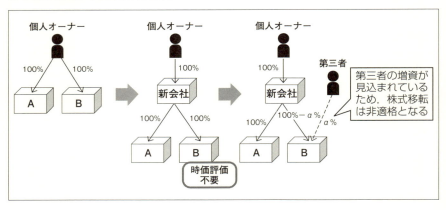

村木）ただ，ここで終わってはいけませんね。不思議なのはここからです。次は，単独の株式移転で，その後で100％関係が崩れて非適格となる場合との整合性も考えてみましょう。

岡野）時価評価をしない例外規定は，直前に100％グループであった法人間での株式移転が対象なので，他の法人が存在しない単独の非適格株式移転は「非適格株式交換等」に該当しません。つまり，原則通り，時価評価が行われてし

まうのですね。

【単独株式移転（時価評価必要）】

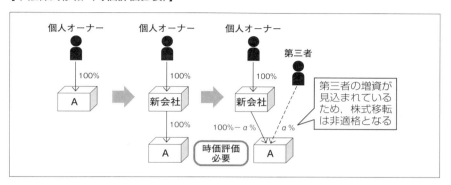

濱田） 同じく100％崩れの見込みで非適格になるのは同じでも、グループ間の共同株式移転が適用除外、単独株式移転が適用対象、ということですか。

内藤） そうなのです。整合性のある説明が思いつかないのです。個人的には、グループ法人税制との整合性をとるという趣旨であれば、完全親法人と完全子法人との完全支配関係を考えるべきであり、いくらグループの完全子法人間であっても、非適格の共同株式移転には時価評価が必要という考えが馴染むように思います。

村木） 今後、改正があってもおかしくない論点かもしれませんね。

8　法人税法64条の4　公益法人等が普通法人に該当することとなった場合の移行時課税の計算

1）条文名

法人税法64条の4

第10款　公益法人等が普通法人に移行する場合の所得の金額の計算

第64条の4　一般社団法人若しくは一般財団法人又は医療法人（#1）である内国法人が普通法人に該当することとなつた場合には，その内国法人のその該当することとなつた日（#2）前の収益事業以外の事業から生じた所得の金額の累積額として政令で定めるところにより計算した金額（#3）又は当該移行日前の収益事業以外の事業から生じた欠損金額の累積額として政令で定めるところにより計算した金額（#4）に相当する金額は，当該内国法人の当該移行日の属する事業年度の所得の金額の計算上，益金の額又は損金の額に算入する。

（略）

　　＃1　公益法人等に限る。次項において「特定公益法人等」という。
　　＃2　以下この項及び第3項において「移行日」という。
　　＃3　第3項において「累積所得金額」という。
　　＃4　第3項において「累積欠損金額」という。

法人税法施行令
（累積所得金額又は累積欠損金額の計算）

第131条の4　法第64条の4第1項（公益法人等が普通法人に移行する場合の所得の金額の計算）に規定する収益事業以外の事業から生じた所得の金額の累積額として政令で定めるところにより計算した金額は，同項の内国法人の同項に規定する移行日（#5）における資産の帳簿価額が負債帳簿価額等（#6）を超える場合におけるその超える部分の金額（#7）とし，法第64条の4第1項に規定する収益事業以外の事業から生じた欠損金額の累積額として政令で定めるところにより計算した金額は，同項の内国法人の移行日における負債帳簿価額等が資産の帳簿価額を超える場合におけるその超える部分の金額（#8）とする。

　　＃5　以下この項及び次条第1項において「移行日」という。
　　＃6　負債の帳簿価額及び利益積立金額の合計額をいう。以下この項において同じ。

#7　次条第2項において「累積所得金額」という。
#8　次条第2項及び第3項において「累積欠損金額」という。

2）条文解釈上の論点

「その内国法人のその該当することとなつた日前の収益事業以外の事業から生じた所得の金額の累積額」とは，非収益事業の純資産額なのか。

3）条文における着目点

「資産の帳簿価額が負債帳簿価額等を超える場合におけるその超える部分の金額」

4）検　討

濱田）本条文自体には，条文見出しがないのですが，「第10款　公益法人等が普通法人に移行する場合の所得の金額の計算」が，実質的な条文名称なのでしょうね。

村木）そうですね。この款における条文が1つしかないため，このような表記になっていますが，そのように理解しても，実質的には間違いではないでしょうね。

白井）この条文の制度趣旨は何かから確認しましょう。まさに，公益法人等が普通法人に移行する場合の所得の金額の計算で，何故，本特例が必要かですが。一言で言えば，公益法人等から普通法人への転落時における取戻し課税ということですね。

内藤）公益法人等では，法人税法の定める34業種の収益事業にのみ課税される。ところが，何らかの事由に基づき，公益法人等から普通法人に転落してしまう

と，全所得課税になる。その時に，非収益事業での稼得部分である過去の未課税所得を一括して課税してしまおうという，結構乱暴な条文なのですね。

岡野） そうですね。これに該当すると，多額の課税が一度に生じますので，避けるべき事態ですが，我々が通常ケアすべき事態が，何通りか想定できます。
- 公益認定社団法人・公益認定財団法人が公益認定を取り消された場合
- 非営利型法人である一般社団法人・一般財団法人が，非営利型法人以外の一般社団法人・一般財団法人になった場合
- 社会医療法人が認定を取り消されて，一般の医療法人になった場合

白井） 注意しておくべきなのは，公益認定社団法人・公益認定財団法人が，自発的に公益認定を取り下げて，非営利型法人として一般社団法人・一般財団法人に降格した場合には，上記の転落時取戻し課税は起きないことです。

内藤） 天使の羽根はもげても，まだ1枚残っているという感じですかね。

岡野） なお，この転落が生じる場合，法人税法では，その時点で（みなし）事業年度の区切りが必ず生じるというのが，注意点です。

村木） これに関連して，面白い裁判例があります。東京地裁平成27年1月22日です。表の争点は，決算時の従業員への未払賞与が，損金算入要件を満たしていたかです。しかし，裏に存在した本当の論点は，この事業年度の問題です。

濱田） 事案では，特例民法法人が，事業年度の途中で公益認定を受けたものです。この場合，みなし事業年度ではなく，法制上も，事業年度が分割されることになります。この際に，先の説明のように，課税所得の範囲が変わります。

白井） 公益認定の前でも既に収益事業にのみ課税されていました。ところが，

公益認定による登記後は，34業種の収益事業の課税範囲が変わってしまいます。具体的には，病院運営の受託事業が，公益目的事業であるため，収益事業課税の範囲から外れます。

内藤）そこで，従来課税されていた収益事業課税の所得を手仕舞いする際に，未払賞与で所得を圧縮しようとしたのですが，法令の要件を満たす「通知」はなかったため否認されてしまったものです。

岡野）事業年度が変更しても，収益事業課税の範囲が変わらなければ，期ズレの問題で済むのですが，この場合には，永久に取戻しができないという恐ろしい事態になります。

白井）気の毒といえば，気の毒ですが，税理士としては，是非知っておきたい事例です。取戻しのできない失敗事例になってしまいます。

濱田）予め，今後生じる課税関係の理解が必要だったのですね。さて，話を戻しますが，ここで，条文では，「その内国法人のその該当することとなつた日前の収益事業以外の事業から生じた所得の金額の累積額」とありますね。文字通りに読めば，非収益事業の未課税額に課税するということでしょうか。

村木）いえ，政令（法令131の4①）を読むと，そうではないことがわかります。

収益事業以外の事業から生じた所得の金額の累積額として政令で定めるところにより計算した金額	＝	移行日における資産の帳簿価額が負債帳簿価額等を超える場合におけるその超える部分の金額

負債帳簿価額等＝負債の帳簿価額及び利益積立金額の合計額

つまり，法人全体の移行時における資産マイナス負債を純資産として，その

純資産額から利益積立金額を差引いた額です。法人全体の純資産から，課税済利益の累積額である利益積立金を差し引くことで，未課税部分を算定します。

岡野）ここで，「帳簿価額」とあるのは，特に断りのない限り，法人税法上の帳簿価額を指すことに注意が必要ですね。退職給付引当金を決算書に計上している場合などは，多額の調整が生じることがあるので，確認しておくべきです。

内藤）確かに，収益事業課税部分以外ということですから，非収益事業部分の純資産と考えても不思議はありません。しかし，それでは少し不都合が出ます。その1つは，収益事業と非収益事業とは必ずしも明確に二分できないことです。共用資産とされる場合もありますからね。

白井）そうですね。政令を読まず，法律の言葉だけを読むと，濱田さんのような読み方をしてもおかしくありません。また，内藤さんの事例のような共用資産がなければ，弊害もないかもしれません。さらに，実はもう1つ不都合があるのですね。

岡野）例えば，社会医療法人は，通常，普通法人たる医療法人から認定を受けて，社会医療法人という公益法人等に昇格しているはずですが。この事例のように，認定取消しを受けると，また，普通法人たる医療法人に戻ります。その場合に，不都合が生じるということですね。

濱田）と言われても，すぐにピンときません。もう少し説明をお願いできますか。

村木）元々の普通法人が，公益法人等に移行する際に，普通法人時代の課税済利益積立金額が承継されます。これが，公益法人等の時代では，収益事業課税部分に対応する利益積立金額のみが増減変動していきます。

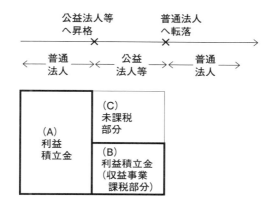

内藤）公益法人等から再度普通法人に転落する際には，その時点での法人の純資産全体（（A）＋（B）＋（C））から，課税済の（（A）＋（B））を差し引いた未課税の（C）だけの課税でよいはずです。

濱田）そうですね。だからこそ，収益事業課税以外部分というとおりに読めばよいのかと思ったのですが。

白井）しかし，収益事業課税部分以外と読めば，課税済の（A）も再び，転落時に課税されてしまいます。つまり，ここで往復びんたが起きてしまうのです。

岡野）なので，実務では，普通法人時代の繰越利益剰余金等は別表五（一）にそのまま残して，新たに公益法人等になってからの繰越利益剰余金を，別の行に記載しておきます。そうしないと，後で転落した時に，当初処理を忘れて，（A）部分を二重課税させてしまうリスクがあるのですね。

村木）濱田さんのように，法律だけ読んで，政令を読まないというのはかなり問題ですが，よくある誤りです。確かに，条文の表現があまり良くないとは思うのですが，きちんと政令委任規定を追いかけるという，条文解釈の基本さえ

徹底していれば、問題はない箇所ですね。

濱田）面目ありません。頑張ります。

2 所得税法

1 所得税法56条　生計一関連条文の読み方

1）条文名

所得税法56条

（事業から対価を受ける親族がある場合の必要経費の特例）
第56条 居住者と生計を一にする配偶者その他の親族がその居住者の営む不動産所得，事業所得又は山林所得を生ずべき事業に従事したことその他の事由により当該事業から対価の支払を受ける場合には，その対価に相当する金額は，その居住者の当該事業に係る不動産所得の金額，事業所得の金額又は山林所得の金額の計算上，必要経費に算入しないものとし，かつ，その親族のその対価に係る各種所得の金額の計算上必要経費に算入されるべき金額は，その居住者の当該事業に係る不動産所得の金額，事業所得の金額又は山林所得の金額の計算上，必要経費に算入する。この場合において，その親族が支払を受けた対価の額及びその親族のその対価に係る各種所得の金額の計算上必要経費に算入されるべき金額は，当該各種所得の金額の計算上ないものとみなす。

（定　義）
第2条第1項
三十四　扶養親族　居住者の親族（#1）並びに児童福祉法（昭和22年法律第164号）第27条第1項第3号（都道府県の採るべき措置）の規定により同法第6条の4第1項（定義）に規定する里親に委託された児童及び老人福祉法（昭和38年法律第133号）第11条第1項第3号（市町村の採るべき措置）の規定により同号に規定する養護受託者に委託された老人でその居住者と生計を一にするもの（#2）のうち，合計所得金額が38万円以下である者をいう。
　　#1　その居住者の配偶者を除く。
　　#2　第57条第1項に規定する青色事業専従者に該当するもので同項に規定する給与の支払を受けるもの及び同条第3項に規定する事業専従者に該当するものを除く。

（扶養控除）
第84条 居住者が控除対象扶養親族を有する場合には，その居住者のその年分の総所得金額，退職所得金額又は山林所得金額から，その控除対象扶養親族1人につき38万円（＃1）を控除する。
2 　前項の規定による控除は，扶養控除という。
　　＃1　その者が特定扶養親族である場合には63万円とし，その者が老人扶養親族である場合には48万円とする。

租税特別措置法
（小規模宅地等についての相続税の課税価格の計算の特例）
第69条の4 　個人が相続又は遺贈により取得した財産のうちに，当該相続の開始の直前において，当該相続若しくは遺贈に係る被相続人又は当該被相続人と生計を一にしていた当該被相続人の親族（＃1）の事業（＃2）の用又は居住の用（＃3）に供されていた宅地等（＃4）で財務省令で定める建物又は構築物の敷地の用に供されているもののうち政令で定めるもの（＃5）がある場合には，当該相続又は遺贈により財産を取得した者に係る全ての特例対象宅地等のうち，当該個人が取得をした特例対象宅地等又はその一部でこの項の規定の適用を受けるものとして政令で定めるところにより選択をしたもの（＃6）については，限度面積要件を満たす場合の当該選択特例対象宅地等（＃7）に限り，相続税法第11条の2に規定する相続税の課税価格に算入すべき価額は，当該小規模宅地等の価額に次の各号に掲げる小規模宅地等の区分に応じ当該各号に定める割合を乗じて計算した金額とする。
一　特定事業用宅地等である小規模宅地等，特定居住用宅地等である小規模宅地等及び特定同族会社事業用宅地等である小規模宅地等　100分の20
二　貸付事業用宅地等である小規模宅地等　100分の50
　　＃1　第3項において「被相続人等」という。
　　＃2　事業に準ずるものとして政令で定めるものを含む。同項において同じ。
　　＃3　居住の用に供することができない事由として政令で定める事由により相続の開始の直前において当該被相続人の居住の用に供されていなかつた場合（＃3-1）における当該事由により居住の用に供されなくなる直前の当該被相続人の居住の用を含む。同項第2号において同じ。
　　＃3-1　政令で定める用途に供されている場合を除く。
　　＃4　土地又は土地の上に存する権利をいう。同項及び次条第5項において同じ。

＃５　特定事業用宅地等，特定居住用宅地等，特定同族会社事業用宅地等及び貸付事業用宅地等に限る。以下この条において「特例対象宅地等」という。
　　＃６　以下この項及び次項において「選択特例対象宅地等」という。
　　＃７　以下この項において「小規模宅地等」という。
２　（略）
３　この条において，次の各号に掲げる用語の意義は，当該各号に定めるところによる。
　一　（略）
　二　特定居住用宅地等　被相続人等の居住の用に供されていた宅地等（＃１）で，当該被相続人の配偶者又は次に掲げる要件のいずれかを満たす当該被相続人の親族（＃２）が相続又は遺贈により取得したもの（＃３）をいう。
　　イ　（略）
　　ロ　（略）
　　ハ　当該親族が当該被相続人と生計を一にしていた者であつて，相続開始時から申告期限まで引き続き当該宅地等を有し，かつ，相続開始前から申告期限まで引き続き当該宅地等を自己の居住の用に供していること。
　　＃１　当該宅地等が二以上ある場合には，政令で定める宅地等に限る。
　　＃２　当該被相続人の配偶者を除く。以下この号において同じ。
　　＃３　政令で定める部分に限る。

２）条文解釈上の論点

　生計一という概念は税法条文によく登場するが，その意味内容は制度ごとにどのように異なるのか。

３）条文における着目点

　所得税法56条（事業から対価を受ける親族がある場合の必要経費の特例）と，租税特別措置法69条の４（小規模宅地等についての相続税の課税価格の計算の特例）を中心に比較し，生計一の概念を位置づける。

4）検　討

白井）税目を問わず多様な条文に登場する「生計一」という概念について，条文の読み方という視点から検討したいと思います。まず，生計一概念については，条文に定義は存在しません。そこで，文言は同じですが，どの条文に登場しても意味内容は「同じ」と考えるべきなのでしょうか。

濱田）まったく同じ内容だと考える必要はないでしょう。条文が異なれば，制度が目指す内容は異なってくるのですから。

白井）どのような条文に登場しますか。

内藤）所得税なら，寡夫（婦）や，控除対象配偶者の定義，扶養控除などの所得控除，事業専従者への必要経費の特例，雑損控除や医療費控除などの規定に登場します。法人税なら同族会社判定や行為計算否認の親族関係者の範囲として，生計一親族が登場します。租税特別措置法なら小規模宅地等の特例に出てきます。

村木）つまり，税法は親族関係を特別な関係だと考えているのですね。各々の条文に出てくる生計一という概念をどのように位置づければよいのかということです。

岡野）生計一の文字が出てくる条文は多岐にわたりますが，3つに分類して検討することを提案します。
① 所得税法56条：生計一親族への対価の支払
② 所得税法84条ほか：生計一親族の扶養控除ほか
③ 租税特別措置法69条の4：生計一親族の小規模宅地特例

(1) 所得税56条：生計一親族への対価の支払

白井）ではまず，所得税法56条です。生計を一にする親族への対価の支払ですね。これが必要経費になるか否かです。

内藤）所得税は，個人単位課税を採用していますから，家族への経費の支払による所得分散を嫌います。所得が分散すれば超過累進税率の適用が回避されてしまうからです。

岡野）息子が，生計一の親の所有する不動産を借りて，事業を経営するような場合ですね。この場合に親に払った家賃は，必要経費に算入することはできません。もちろん，親子であっても生計が別であれば，当然に必要経費に算入できますが。

濱田）生計を一にするというイメージは1つの財布で生活しているということですね。そう考えると同じ財布の中で収支はそもそも観念できないということになります。

内藤）そのかわりに，生計一の親が受け取った家賃にかかる必要経費は，息子の必要経費に算入してよいということです。仮に店舗なら減価償却費や固定資産税などです。

白井）それが「その親族のその対価に係る各種所得の金額の計算上必要経費に算入されるべき金額は，その居住者の当該事業に係る不動産所得の金額，事業所得の金額又は山林所得の金額の計算上，必要経費に算入する。」と規定されているわけですね。

村木）息子が親に支払った家賃は息子の必要経費に算入せず，親の減価償却費や固定資産税，修繕費は息子の必要経費に算入され，親は受け取った家賃を収

入とする必要はありません。

白井）このことを表現しているのが「この場合において、その親族が支払を受けた対価の額及びその親族のその対価に係る各種所得の金額の計算上必要経費に算入されるべき金額は、当該各種所得の金額の計算上ないものとみなす。」の部分ですね。

内藤）家賃は有償でも無償でもこの取扱いはかわりません。息子は建物に関する必要経費を事業所得の計算上、必要経費に算入できます（所基通56－1）。

濱田）弁護士の夫が別の法律事務所に勤務する弁護士である妻に支払った報酬が、この条文に該当するとして否認された事案が有名です（最高裁平成16年11月2日判決）。また、弁護士である夫が税理士である妻に支払った申告報酬がやはり否認されています。

(2) **所得税法84条ほか：生計一親族の扶養控除ほか**

白井）次に所得控除の場合の生計一です。

内藤）扶養控除等の所得控除の生計一は「扶養」という概念でしょう。仮に、故郷の両親に生活に必要な資金を仕送りする場合です。この場合には、所得税法56条のように財布が1つと理解しにくいと思います。

白井）それでも、息子が両親を扶養控除の対象にすることは認められるのですね。つまりそれは財布が1つだから認めるというものではないと。

内藤）そうですね。所得控除の場合の生計一は「扶養」を基準とする生計一なのでしょう。

村木）医療費控除も自己又は自己と生計を一にする配偶者その他の親族に係る医療費を支払った場合が対象になりますが考え方は同じですね。

(3) 租税特別措置法69条の4：生計一親族の小規模宅地特例

白井）さて，ここからは相続税です。

岡野）小規模宅地特例には，特定居住用宅地，特定事業用宅地，貸付事業用宅地，特定同族会社事業用宅地の4つの制度があります。

白井）生計一親族はどのような場面で登場しますか。

岡野）特定居住用宅地なら，生計一親族が居住用の土地を相続した場合ですね（措法69の4③二ハ）。親の土地に生計を一にする子が住み，親の相続時にその土地を取得した場合です。

内藤）特定事業用宅地なら，生計一親族が事業用の土地を相続した場合です（措法69の4③一ロ）。親の土地で生計を一にする子が事業を営み，親の相続時にその土地を取得した場合です。

白井）特定居住用宅地の生計一親族の特例は，別居しているものの生計は同じというのが前提になりますね。同居していたら同居親族の特例がありますので（措法69の4③二イ）。一方，特定事業用宅地は，親の土地で子が事業を行っているわけですから，親と子が同居している場合も考えられますし，別居しているが生計は同じという場合もあり得ます。

濱田）だから，特定居住用宅地に関しては，生計一親族の特例が滅多に登場しません。相続税を負担するほどの資産規模で，別居する親子が生活費を送金するという例はまずないでしょう。

白井）この特例を使うために，生活費を振り込むという対策をする例がありますが，これは否認のリスクがあるでしょうね。

濱田）扶養義務を履行する必要がないわけですから。贈与税が課税されるかはともかく，生活費ではなくむしろ単純贈与と見られても文句を言えないでしょう。誰にでも身近な所得税と，資産家が前提となる小規模宅地特例とでは，生計一の概念も違っていて当然だと思います。

村木）その意味では，扶養を要する未成年の子が，親の名義の居宅に住んでいるという場合が，生計一親族の特例を適用する典型的な場面なのでしょうね。つまり，親子が同居していたが，親が未成年の子を残し転勤してしまい，そのまま相続が発生した場合です。

白井）親子が大阪の実家で同居していたが，東京の大学に通うことになった息子に，親名義でマンションを買ってあげる場合も該当しますよね。

岡野）そう考えると，同居の延長としての生計一というのが見えてきますね。

村木）たしかに条文そのものには，同居から始まる生計一とは表現されていません。しかし，扶養を要する子供が親名義の居宅に住んでいる場合の居宅を救済するために，生計一親族の特例ができたのだと思います。

岡野）経済的に独立している子は，たとえ送金を受けていたとしても，親名義の居宅に住んでいる場合には，まず生計一親族の特例は適用できません。

白井）むしろ，自分の稼ぎがあるのに親の家に無償で住んでいるような息子は，小規模宅地特例の減額で税制上の優遇を与えるどころか，逆に相続税を負担してもらうべきですね。

濱田）居住用宅地の特例における生計一の予定するところは，同居から始まる生計一と考えてよさそうです。

白井）特定事業用宅地はどうでしょうか。こちらは，息子が親の土地を使って商売している場合，その親子が同居していれば，ほぼ例外なく生計一と認められるわけですね。

村木）親子が別居していればやはり生計一とはいえない場合がほとんどですが，同居であれば問題ないでしょう。

白井）同居しているが，生計は別だという概念も存在するのですね。仮に，親と同居する子が，財布は各々が管理し，食費は親子で精算しているという場合は，生計別になるのでしょうか。

岡野）この場合も，同じ風呂に入る限りは財布は1つになるでしょう。実務では，同居しながら生計は別だということはあり得ないと思いますよ。

白井）成人し親子各々に稼ぎがあれば，財布は別ということは考えられませんか。

岡野）親子で別会計の取り決めがあっても，お風呂は一緒ですね。そうすると水道代もガス代も一緒です。ガス代を親が負担したとしても，その風呂に子供夫婦が入るのですから，財布は1つでしょう。

> **所得税基本通達**
> （生計を一にするの意義）
> 2-47　法に規定する「生計を一にする」とは，必ずしも同一の家屋に起居していることをいうものではないから，次のような場合には，それぞれ次による。

(1) 勤務，修学，療養等の都合上他の親族と日常の起居を共にしていない親族がいる場合であっても，次に掲げる場合に該当するときは，これらの親族は生計を一にするものとする。
　　イ　当該他の親族と日常の起居を共にしていない親族が，勤務，修学等の余暇には当該他の親族のもとで起居を共にすることを常例としている場合
　　ロ　これらの親族間において，常に生活費，学資金，療養費等の送金が行われている場合
(2) 親族が同一の家屋に起居している場合には，明らかに互いに独立した生活を営んでいると認められる場合を除き，これらの親族は生計を一にするものとする。

村木）財布は別にして，家事費の負担額を決めている場合でも，起居を共にしていれば，結局は生計一なのでしょう。子供が生活費を親に渡し，お互いの財布の中身は知らないという場合でも，食費やお風呂を一緒にしている限り，生計一になるのが自然だと思います。

2　所得税法63条　事業廃止後の費用損失

1）条文名

所得税法63条

（事業を廃止した場合の必要経費の特例）
第63条　居住者が不動産所得，事業所得又は山林所得を生ずべき事業を廃止した後において，当該事業に係る費用又は損失で当該事業を廃止しなかつたとしたらばその者のその年分以後の各年分の不動産所得の金額，事業所得の金額又は山林所得の金額の計算上必要経費に算入されるべき金額が生じた場合には，当該金額は，政令で定めるところにより，その者のその廃止した日の属する年分（＃1）又はその前年分の不動産所得の金額，事業所得の金額又は山林所得の金額の計算上，必要経費に算入する。
　　＃1　同日の属する年においてこれらの所得に係る総収入金額がなかつた場合には，当該総収入金額があつた最近の年分

2）条文解釈上の論点

「事業を廃止」の意義

3）条文における着目点

- 原則規定の確認
- 条文の趣旨の理解

4）検　討

(1)　規定の趣旨

内藤）この条文は，事業を廃止した後において，廃止した事業に係る費用又は損失が生じたら，廃止した日の属する年分又はその前年分の必要経費に算入するというものですね。

　必要経費の通則が所得税法37条にありますが，事業廃止後に生じた費用・損

失は，なぜ通則規定で対応できないのでしょうか。

> **（必要経費）**
> **第37条** その年分の不動産所得の金額，事業所得の金額又は雑所得の金額（事業所得の金額及び雑所得の金額のうち山林の伐採又は譲渡に係るもの並びに雑所得の金額のうち第35条第3項（公的年金等の定義）に規定する公的年金等に係るものを除く。）の計算上必要経費に算入すべき金額は，別段の定めがあるものを除き，これらの所得の総収入金額に係る売上原価その他当該総収入金額を得るため直接に要した費用の額及びその年における販売費，一般管理費その他これらの所得を生ずべき業務について生じた費用（償却費以外の費用でその年において債務の確定しないものを除く。）の額とする。

村木）必要経費の通則規定は，事業が継続している状態，つまりその年に総収入金額があることを前提としているので，事業を廃止した後の総収入金額がない年分について，通則規定を使うことは想定されていないのです。

岡野）しかし，事業を継続していれば必要経費となる費用・損失が，事業を廃止していたがために即切捨てというのも理不尽ですよね。そこで，過去の年分の必要経費として認める，というのがこの規定の趣旨なんですね。

白井）この規定は，通則規定の別段の定めとしての救済規定ですが，必要経費算入額を所得限度とする制限があります。全額必要経費とされる通則規定より納税者にとって不利となっている点に注意が必要です。

(2) 複数事業を営む場合

濱田）実際の適用場面を確認してみたいのですが，不動産所得を生ずべき事業と事業所得を生ずべき事業を行っている場合には，この両方の事業を廃止しなければ適用されないのでしょうか。それとも，廃止した事業についてだけで適用できるのでしょうか。

白井）条文では，「不動産所得，事業所得又は山林所得を生ずべき事業を廃止」とあるとおり，不動産所得，事業所得又は山林所得のうちいずれか1つの事業を廃止した場合に，その廃止した所得区分について適用があります。

　例えば，不動産貸付業と製造業を営んでいる者については，不動産貸付業を廃止した場合には不動産所得について，又は製造業を廃止した場合には事業所得について適用があります。

内藤）では，製造業と小売業を営んでいる者についてはどうでしょうか。

村木）この場合，製造業と小売業はともに事業所得に区分されますので，小売業をやめても製造業として事業所得はありますね。つまり，普通に必要経費の通則規定が使えますので，この条文の出番はありません。

岡野）つまり，事業が継続しているか，廃止しているかは所得区分ごとに判定するということですね。不動産貸付業と不動産管理業を行っている場合は，相互に関連性があり，一体として事業の廃止を判定したい気もしますが，所得の種類ごとに所得計算をする所得税法の建て付けからすると割り切るしかないのでしょう。

濱田）ちなみに，不動産の貸付けによる所得は，貸付け規模にかかわらず不動産所得に該当しますが，この規定の適用があるのは事業に該当するものに限られますので，事業に該当しない不動産所得についてはこの規定の適用はありません。

白井）滅多にお目にかからないですが，山林所得も同様ですね。

(3) 事業を廃止の意義

内藤）次に「事業を廃止」の意義について確認したいのですが。所得税法229

条に事業を廃止した場合には廃業の届けをすることとされていますね。この廃業届を提出することが「事業を廃止」したこととされるのでしょうか。

> **（開業等の届出）**
> **第229条** 居住者又は非居住者は，国内において新たに不動産所得，事業所得又は山林所得を生ずべき事業を開始し，又は当該事業に係る事務所，事業所その他これらに準ずるものを設け，若しくはこれらを移転し若しくは廃止した場合には，財務省令で定めるところにより，その旨その他必要な事項を記載した届出書を，その事実があつた日から1月以内に，税務署長に提出しなければならない。

白井） 廃業届は判断材料の一つになるのでしょうが，これを絶対的なものとすると，敢えて提出せずに，通則規定を使うということが想定されます。

濱田） 確かにそうですね。とすると，総収入金額がなくなれば「事業を廃止」と考えてもいいのでしょうか。それとも，例えば，小売店などで「○日をもって閉店します」なんて張り紙がシャッターに取り付けられているのをみることがありますが，この閉店告知日を「事業を廃止」した日とするのはどうでしょうか。

村木） たしかに閉店すれば総収入金額が生じないので，一理ありますね。しかし，条文では「同日の属する年においてこれらの所得に係る総収入金額がなかつた場合には，当該総収入金額があつた最近の年分」としているとおり，総収入金額がないことが事業を廃止したものと想定していないことがわかります。
　事業の廃止とは，いわゆる営業の停止は当然のこと，商品在庫や事業用資産の処分など事業の後片付けが終了したことと理解するのがいいでしょうね。

白井） つまり，教科書的にいえば，個人が事業継続の意思を放棄するなど，客観的事実に基づき合理的に判断することになるということでしょう。

岡野） 法人でいえば，解散が営業の停止で，清算の結了が後片付けの終了に当

たるのでしょう。つまり、個人事業の清算が結了した時点が事業を廃止した日と考えればいいのですね。

濱田）それと、法人成りした場合も、事業を廃止したといえますね。

(4) 必要経費に算入されるべき金額

内藤）次に、この規定の対象となる費用・損失を確認します。条文でいう「その年分以後の各年分の不動産所得の金額、事業所得の金額又は山林所得の金額の計算上必要経費に算入されるべき金額」は、具体的にどのようなものが該当するのでしょうか。

白井）事業廃止時において回収できなかった売掛金の貸倒れや事業廃止後に支払が確定した損害賠償金が代表例です。
　それと、法人成り後、数年内に、法人へ引き継がれた従業員の退職に伴い、個人事業期間の退職金を負担した場合の、その退職金負担額も該当します。

村木）事業廃止年分に係る事業税もそうですね。もっとも、こちらは所得税基本通達37－7（事業を廃止した年分の所得につき課税される事業税の見込控除）により、翌年を待たずして必要経費に算入することを認めています。

濱田）翌年事業税が生じることが明らかなので、更正の請求をする手間を省いてくれているのですね。

岡野）事業の廃止後の費用という視点でいえば、一括償却資産と繰延消費税額等の処理の通達も必見です。それぞれ、所得税基本通達49－40の3（一括償却資産につき相続があった場合の取扱い）と37－30の4（繰延消費税額等につき相続があった場合の取扱い）です。
　本来、一括償却資産や繰延消費税額等は分割して必要経費に算入されますが、

相続があった場合は、被相続人の必要経費に算入されていない金額を被相続人の必要経費に算入することを認めるものです。
　これも、事業廃止後の費用を廃止年の必要経費と認めているものといえますね。

内藤）一方、これらの通達では、事業の承継者がいる場合は事業の承継者の必要経費とすることも認めています。逆にいえば、事業の承継者がいる場合は事業を廃止していないという考え方はありませんか。

白井）あります。広島不服審判所の案件ですが、被相続人である父の税理士業務を税理士である子が承継しているので事業の廃止に該当せず、事業税の見込額の必要経費算入はできないと課税処分がされたものです（平成25年7月5日裁決）。
　この案件では、税理士業務の基となる関与先との間の委任契約は、被相続人の専門知識、経験、技能等及びこれらに対する関与先との個人的な信頼関係を基礎とするものであるから、本件被相続人の死亡により、子に承継されることなく終了しており、また、子の税理士業務について、被相続人の関与先との委任契約を新たに締結したことが認められるとして、つまり、父の事業の廃止がされたとして、事業税の見込み控除が認められました。

濱田）税理士業という特殊な業種についての判断がされたのですね。販売業や製造業などの一般的な業種においては、事業承継者がいれば元の事業者は事業を廃止していないとされることになるのでしょう。

村木）注意点としては、この規定の対象となる費用又は損失はあくまでも事業を廃止した後に生じたものに限定されますので、事業廃止前の期間に帰属すべき費用や損失については単なる計算誤りということですから、この規定は適用されないということです。このような費用や損失は更正の請求にて対応するこ

岡野）この計算誤りによる更正の請求の期限は，国税通則法23条1項が根拠になりますので法定申告期限から5年ですね。しかし，本条の適用については，所得税法152条により，費用や損失が発生してから2月以内が更正の請求期限とされています。

> **（各種所得の金額に異動を生じた場合の更正の請求の特例）**
> **第152条** 確定申告書を提出し，又は決定を受けた居住者（#1）は，当該申告書又は決定に係る年分の各種所得の金額につき第63条（事業を廃止した場合の必要経費の特例）又は第64条（資産の譲渡代金が回収不能となつた場合等の所得計算の特例）に規定する事実その他これに準ずる政令で定める事実が生じたことにより，国税通則法第23条第1項各号（更正の請求）の事由が生じたときは，当該事実が生じた日の翌日から2月以内に限り，税務署長に対し，当該申告書又は決定に係る第120条第1項第1号若しくは第3号から第8号まで（確定所得申告書の記載事項）又は第123条第2項第1号，第5号，第7号若しくは第8号（確定損失申告書の記載事項）に掲げる金額（#2）について，同法第23条第1項の規定による更正の請求をすることができる。この場合においては，更正請求書には，同条第3項に規定する事項のほか，当該事実が生じた日を記載しなければならない。
> 　#1　その相続人を含む。
> 　#2　当該金額につき修正申告書の提出又は更正があつた場合には，その申告又は更正後の金額

事業廃止後に費用や損失が発覚した場合，それが事業廃止前後のいずれに帰属するものなのかの判断を誤ると，適用条文，つまり更正の請求期限を誤ることになってしまいますので，要注意です。

(5)　必要経費算入額

内藤）ところで，この規定により必要経費に算入される金額は所得税法施行令179条に規定されていますが，この金額の計算方法を簡潔に説明してもらえませんか。

白井）この規定の適用対象となる費用の額又は損失の金額が，廃止年分の所得の金額以下の場合は，その費用の額又は損失の金額の全額が廃止年分の必要経費となります（１号）。

　そうでない場合は，廃止年分の所得の金額を限度として必要経費として，残った費用の額又は損失の金額は前年分の所得の金額を限度として必要経費とします（２号）。

（事業を廃止した場合の必要経費の特例）
第179条　法第63条（事業を廃止した場合の必要経費の特例）の規定により同条に規定する必要経費に算入されるべき金額を同条に規定する廃止した日の属する年分又はその前年分の不動産所得の金額，事業所得の金額又は山林所得の金額の計算上必要経費に算入する場合における当該不動産所得の金額，事業所得の金額又は山林所得の金額の計算については，次に定めるところによる。
　一　当該必要経費に算入されるべき金額が次に掲げる金額のうちいずれか低い金額以下である場合には，当該必要経費に算入されるべき金額の全部を当該廃止した日の属する年分の不動産所得の金額，事業所得の金額又は山林所得の金額の計算上必要経費に算入する。
　　イ　当該必要経費に算入されるべき金額が生じた時の直前において確定している当該廃止した日の属する年分の総所得金額，山林所得金額及び退職所得金額の合計額
　　ロ　イに掲げる金額の計算の基礎とされる不動産所得の金額，事業所得の金額又は山林所得の金額
　二　当該必要経費に算入されるべき金額が前号に掲げる金額のうちいずれか低い金額をこえる場合は，当該必要経費に算入されるべき金額のうち，当該いずれか低い金額に相当する部分の金額については，当該廃止した日の属する年分の不動産所得の金額，事業所得の金額又は山林所得の金額の計算上必要経費に算入し，そのこえる部分の金額に相当する金額については，次に掲げる金額のうちいずれか低い金額を限度としてその年の前年分の不動産所得の金額，事業所得の金額又は山林所得の金額の計算上必要経費に算入する。
　　イ　当該必要経費に算入されるべき金額が生じた時の直前において確定している当該前年分の総所得金額，山林所得金額及び退職所得金額の合計額

ロ　イに掲げる金額の計算の基礎とされる不動産所得の金額，事業所得の金額又は山林所得の金額

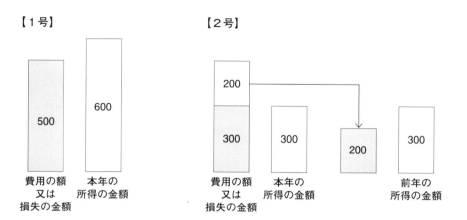

濱田）所得の金額を限度というのは，廃止した事業に係る所得の金額とその年の総所得金額，山林所得金額及び退職所得金額の合計額のいずれか少ない金額を限度という意味ですね。

　なお，租税特別措置法施行令で読替え規定がありますので，総所得金額というのは，短期譲渡所得の金額，長期譲渡所得の金額，一般株式等に係る譲渡所得等の金額，上場株式等に係る配当所得等の金額，上場株式等に係る譲渡所得等の金額，先物取引に係る雑所得等の金額を含んだ金額になります。

村木）つまり，事業廃止後の費用又は損失を必要経費に算入することは認めるけれど，他の所得と通算したり，純損失の金額を生じさせたりせず，最大限認めてもその年の所得は０円になるところで打ち止めということですね。

(6)　**まとめ**

内藤）この条文を理解する上で必要なことはなんでしょうか。

村木）所得税法の基本を知っておくということですね。37条の規定を知らずしてこの条文だけ見ていても，本当の理解はできません。

岡野）村木さんと同じようなことになってしまいますが，規定の趣旨を理解しておくことですね。なぜ，この規定があるのか。これを常に意識して条文を読むことです。

白井）条文に規定されていない「事業を廃止」の時点をどう判断するかですね。この時点の決め方によって，この規定の適用の有無が変わりますから。

濱田）解釈ではないのですが，手続まで終わって初めて規定が適用といえるので，2月の更正の請求期限を忘れないようにしたいですね。

3 所得税法161条1項11号
ソフトウエアライセンスの源泉徴収の要否

1）条文名

所得税法161条1項11号

(国内源泉所得)
第161条　この編において「国内源泉所得」とは，次に掲げるものをいう。
　十一　国内において業務を行う者から受ける次に掲げる使用料又は対価で当該業務に係るもの
　　イ　（略）
　　ロ　著作権（出版権及び著作隣接権その他これに準ずるものを含む。）の使用料又はその譲渡による対価
　　ハ　（略）

2）条文解釈上の論点

「これに準ずるもの」の「これ」は何を示しているか。

3）条文における着目点

「これらに準ずるもの」と「これに準するもの」との違い。

4）検　討

(1) 海外の会社からソフトウエアのライセンスを購入する場合の源泉徴収について

濱田）時々質問を受けて悩むのですが，海外の会社から，ライセンスでソフトウエアを購入している場合の源泉徴収をどのように考えるべきでしょうか。

白井）まず，大前提として，ソフトウエアの取得方式は，2通りあるようです。

［１］メディアインストール方式
［２］インターネットダウンロード方式
この２つを区分して，考える必要があるのですね。

内藤）先に，著作権法上の諸権利の位置づけを確認しておきましょう。

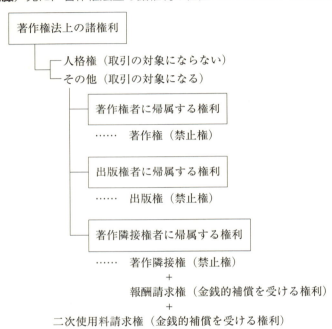

北詰）著作権者と出版権者は，禁止権を持っています。第三者の行為の差し止めを認める非常に強力な権利です。これに対して，著作隣接権者の場合，禁止権を一部の範囲で持っているに過ぎません。残りの部分は，禁止権がない代わりに，金銭的補償を受ける権利を認めているわけです。

岡野）著作権法の構造は，複雑ですね。

村木）では，次に，所得税法と著作権法との関係を考えていきましょう。ここで最も大事なことは，所得税法と著作権法は，完全にリンクしているということです。

> **第161条** この編において「国内源泉所得」とは，次に掲げるものをいう。
> 十一 国内において業務を行う者から受ける次に掲げる使用料又は対価で当該業務に係るもの
> ロ 著作権（出版権及び著作隣接権その他これに準ずるものを含む。）の使用料又はその譲渡による対価

「著作権（出版権及び著作隣接権その他これに準ずるものを含む。）」
＝著作権＋出版権＋著作隣接権＋報酬請求権＋二次使用料請求権
　つまり，「その他これに準ずるもの」＝「報酬請求権＋二次使用料請求権」となります。著作権に類似した，いわば似非著作権は，「その他」に入らないのです。

内藤）ここで，所得税法161条1項11号におけるイとロの違いを確認しておきましょう。

> イ 工業所有権その他の技術に関する権利，特別の技術による生産方式若しくはこれらに準ずるものの使用料又はその譲渡による対価
> ロ 著作権（出版権及び著作隣接権その他これに準ずるものを含む。）の使用料又はその譲渡による対価

　上記で，イは「これらに準ずるもの」と複数ですが，ロは「これに準ずるもの」と単数です。

白井）ロは，「これ」＝「著作隣接権」ですね。著作隣接権に準ずるものだけを指します。しかし，準ずるものに，著作権全般は入りません。

村木）「これらに」と「これに」との違いが決め手になるわけです。

濱田）なるほど。著作隣接権に準じるものだけが，上記の「その他これに準ずるもの」になるので，それ以外は，著作権っぽいものであっても該当しないのですね。

岡野）そうなりますね。上述のように，仮に，その他の項目を包括的に含むのであれば，条文は「これら」となっているはずですから。

濱田）条文は丁寧に作ってあるのですね。

村木）上記の定義につき，使用料又は譲渡対価は，国内源泉所得に該当し，源泉徴収を要することになります。著作権法と所得税法が，完全にリンクしているので，使用料該当性の判断も，著作権法に従うことになります。

(2) 著作権法の考え方

内藤）もう少し著作権法の考え方について，説明を加えます。著作権法は，権利者の許諾を得ることなく行えない行為を限定列挙しているのですね。つまり，法定利用行為を限定しているわけです。

岡野）逆に，この限定列挙のリストにない行為は，著作権法上の権利侵害行為に該当しないことになるのですね。

北詰）そうです。ですから，該当しなければ，権利者の許諾なく自由に行ってよいことになるわけです。ネガティブリストになければ，著作権法では，無罪放免です。

(3) 著作権法の考え方を受けた所得税法の判断の考え方

白井）そして，このような著作権法の考え方を踏まえて，所得税法の判断を行います。ポイントになるのは，対価の支払者が行う一連の行為の中に，権利侵

害行為が含まれているかどうかです。

岡野）権利者の許諾を得るべき行為が含まれているか，を検討すればよいのですね。

村木）そうなります。含まれていれば，源泉徴収を要することになりますし，含まれていなければ，源泉徴収は不要となります。著作権法のネガティブリストに該当すれば，国内源泉所得として源泉徴収が必要になるわけです。

(4) 検 討

濱田）では，これを踏まえて，冒頭で白井さんが紹介してくれた，取得方式の2通りについて，検討すればよいのですね。

白井）まずは，[1]メディアインストール方式です。この場合，メディアを購入して，インストールして販売するのが一連の行為になります。

北詰）著作権法で問題になり得るのは，インストール部分だけです。メディア購入の部分や，その後の販売は，権利者の許諾不要です。

内藤）ここで，インストールは，著作権法における複製行為に該当します。複製ができるのは，著作権者に与えられた権利です。

> **著作権法**
> （複製権）
> 第21条　著作者は，その著作物を複製する権利を専有する。

そこで，原則，権利者の許諾を要することになります。

岡野）しかし，例外があるのですね。メディアは，この場合，複製物になりま

す。複製物所有者は、権利者の許諾なしに複製行為が可能としています。パソコンで自分が利用するために必要な限度に限り、ですが。

> **著作権法**
> **（プログラムの著作物の複製物の所有者による複製等）**
> **第47条の３** プログラムの著作物の複製物の所有者は、自ら当該著作物を電子計算機において利用するために必要と認められる限度において、当該著作物の複製又は翻案（これにより創作した二次的著作物の複製を含む。）をすることができる。ただし、当該利用に係る複製物の使用につき、第113条第２項の規定が適用される場合は、この限りでない。
> **２** 前項の複製物の所有者が当該複製物（同項の規定により作成された複製物を含む。）のいずれかについて滅失以外の事由により所有権を有しなくなつた後には、その者は、当該著作権者の別段の意思表示がない限り、その他の複製物を保存してはならない。

村木）結果として、この［１］の場合、著作権の使用料に該当する余地がなく、国内源泉所得に該当しないため、源泉徴収不要です。

濱田）次に、［２］インターネットダウンロード方式ですね。

白井）こちらは、メディア購入の場合とは、異なる要素があります。この場合、メディア購入と異なり、複製物の所有者ではありません。

内藤）すると、例外規定がないので、原則に戻ります。インストールにあたり権利者の許諾を要すると解する余地が生じます。平成16年３月31日裁決（非公開）（TAINS F0-2-167）は、この考え方を採用しています。課税実務の大勢も、同様です。結果として、著作権の使用料として、源泉徴収要が、課税実務です。

岡野）しかし、OECDコメンタリー（川田剛・徳永匡子『2014OECDモデル租税条約コメンタリー逐条解説』税務研究会出版局、2015年、p.342-343）では、

［1］と［2］は違わないとしています。デジタル業界での常識に沿った取扱いです。

村木）ところが，裁決例では，OECDコメンタリーを退けました。法的拘束力がないとの理由です。これもおかしな話です。日本もOECD加盟国であり，12条（使用料）に留保を付していません。その意味で，本来は，現在の課税実務は問題があると考えられます。

濱田）なるほど。では，源泉徴収しなくてよいのですか。

白井）いや，やはり，課税実務が必要という以上，実務は安全策をとるしかないでしょう。

北詰）別法で，予め契約書で，権利者の許諾を生じなくする方法もありそうです。インストールの無償許諾を明記しておくわけです。

岡野）なるほど。インストール許諾の対価としての著作権使用料という構成を排除するのですね。このような対処も一案としてありそうです。

村木）実務では，ダウンロードは，源泉徴収しておくのが安全運転ですね。ただ，そもそも租税条約で源泉不要とされていることもあるので，確認を怠らないようにしたいところです。

（参考文献） 国際課税事例研究会「自社製品に組み込むソフトウエアの購入対価と源泉徴収の要否」『国際税務』2015年11月号

3 消費税法

1 消費税法2条1項8号，消費税法基本通達5-2-1，5-2-9 消費税法における資産の譲渡

1）条文名

消費税法2条1項8号
消費税法基本通達5-2-1，5-2-9

(定　義)
第2条
八　資産の譲渡等　事業として対価を得て行われる資産の譲渡及び貸付け並びに役務の提供（#1）をいう。
　　#1　代物弁済による資産の譲渡その他対価を得て行われる資産の譲渡若しくは貸付け又は役務の提供に類する行為として政令で定めるものを含む。

(資産の譲渡の意義)
5-2-1　法第2条第1項第8号《資産の譲渡等の意義》に規定する「資産の譲渡」とは，資産につきその同一性を保持しつつ，他人に移転させることをいう。
　(注)　資産の交換は，資産の譲渡に該当する。

(自己株式の取扱い)
5-2-9　法人が自己株式を取得する場合（#1）における株主から当該法人への株式の引渡し及び法人が自己株式を処分する場合における他の者への株式の引渡しは，いずれも資産の譲渡等に該当しない。
　　#1　証券市場での買入れによる取得を除く。

2）条文解釈上の論点

　自己株式取得の場合に，通達にいう「資産につきその同一性を保持しつつ，他人に移転させること」により説明するのは妥当か。

3）条文における着目点

「対価」という言葉は、どのような意味で用いられているか。

4）検　討

(1)　消費税法における「資産の譲渡」とは

村木）消費税は、国内において事業者が行った資産の譲渡等について、課されることとされています（消法4条）。この「資産の譲渡等」とは、資産の譲渡及び貸付け並びに役務の提供のことです（消法2①八）が、このうち資産の譲渡とは、消費税基本通達5－2－1で、「その同一性を保持しつつ、他人に移転させること」とされていますね。

白井）消費税は、事業者が販売する商品やサービスの価格に含まれて、次々と転嫁され、最終的に商品を消費し又はサービスの提供を受ける消費者が負担する仕組みです。したがって、たとえ経済的に見て、資産を譲渡しその対価を得たと同様の実態があったとしても、資産としての同一性を保持していない場合には、資産の譲渡には該当しません。

内藤）その典型例が収用による補償金の取得ですね。権利が消滅した結果、資産につき同一性を保持しつつ、他人に移転しないことになるので、資産の譲渡に該当しません。

村木）ただし、所有権その他の権利を収用され、その権利を取得する者から当該権利の消滅の補償金を取得する場合には、その実態を考慮し、資産の譲渡に該当する場合もあるので注意が必要ですね（消令2②）。

(2)　消費税法基本通達5－2－9逐条解説との整合性についての検討

岡野）ところで、この同一性については、消費税法基本通達における他の規定

との整合性で，若干疑問があります。

内藤）法人が発行会社にその株式を譲渡した場合，発行法人からすると自己株式の買取をした場合の消費税の課税関係を解説した5－2－9の通達ですね。

岡野）通達を読む際は，必ず逐条解説も合わせて読むべきですね。通達の趣旨など重要なエッセンスが多く含まれています。注目すべきは，この通達の逐条解説です（浜端達成編『消費税法基本通達逐条解説（平成26年版）』大蔵財務協会，p.75）。

> ところで，株式とは株主が株主として会社に対して持つ法律上の地位であり，株主はこのような地位に基づき会社に対して議決権，利益配当請求権及び残余財産分配請求権等の権利を有することとなる。
> 他方，消費税法上の「資産の譲渡」とは，資産につきその同一性を保持しつつ他人に移転させることをいう（基通5－2－1）のであるが，会社が自己株式を取得すると<u>株主の権利</u>である議決権，利益配当請求権及び残余財産分配請求権等<u>は消滅する</u>（会社法308②，453①，504③）ことから，自己株式の取得は資産につきその同一性を保持しつつ他人に移転させたとはいえない。
> このようなことから，この場合の株式の引渡しは資産の譲渡に該当しないことを念のために明らかにしたものである。

村木）この逐条解説で書かれていることをまとめると以下です。

1. 株主がその保有する株式を発行法人に譲渡する。
2. その発行法人が取得した株式については，株主の権利である議決権，利益配当請求権及び残余財産分配請求権等は自動的に消滅する。
3. 株式譲渡前にその株式に生じていた議決権等の株主の権利が，譲渡後には消滅するため，発行法人への株式譲渡は，権利も含む資産につきその同一性を保持しつつ他人に移転させたとはいえない。

濱田）この逐条解説では，会社が自己株式を取得すると株主の権利が消滅することをもって，資産の同一性を保持しつつ他人に移転していないと説明しており，判断に自己株式取得「後」の状態を考慮しているのですね。

白井）「資産」とは，取引の対象となる一切の資産をいい，有形資産のほか，権利その他の無形資産が含まれますね（消基通5－1－3）。自己株式については，株式という「物」ではなく，「株主の権利」で同一性保持を考えるということですね。

村木）そうです。収用による補償金の取得と同じように理解することができます。

岡野）つまり株主としての払戻しを受ける場合に交付を受ける金銭等は，株主としての地位に基づく権利行使の結果であり，消費税法における資産の譲渡等の対価には該当しませんね。

内藤）なるほど。そうすると，DESにおける債権の現物出資取引が，非課税売上に該当するとの議論も，整合的に説明できるような気がします。

濱田）すみません。不勉強なので，どのような議論だったか，教えてくださいますか。

(3) DESにおける債権の現物出資取引が非課税売上に該当するとの議論

村木）まず，DESを確認しておきましょうか。DESは，Debt Equity Swapの略であり，文字通り，債務者がDebt（債務）とEquity（資本）をSwap（交換）する取引ですね。もちろん，交換取引なので，登場人物は，二者以上存在し，以下のような取引が行われます。

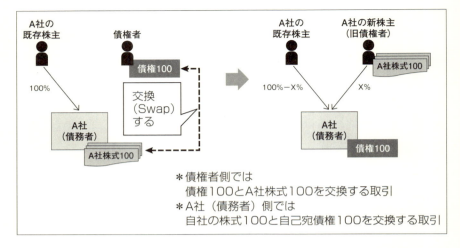

* 債権者側では
債権100とA社株式100を交換する取引
* A社（債務者）側では
自社の株式100と自己宛債権100を交換する取引

　また，法律的には，債務者は株式の発行を行い，出資者である債権者は金銭ではなく債権という現物資産を出資することから，この取引は現物出資に該当しますね。

白井）このDESですが，税務通信において数回記事になっており，その判断は二転三転していましたね。
　① 3217号（2012年06月18日）消費税におけるDESの考え方，課税売上割合との関係は
　② 3268号（2013年07月01日）DESに係る消費税の取扱いを国税庁に確認・資産の譲渡等に該当し非課税取引に
　③ 3315号（2014年06月16日）金銭債権の譲渡に係る消費税課税売上割合計算方法の見直しは「DES」も対象

　結局は，DESによる債権の譲渡は資産の譲渡に該当する，つまり，非課税売上であるという記事でした。

内藤）債権を現物出資するという取引は，債権という非課税資産を譲渡して，その対価として，発行法人の株式を取得する取引ですから，まさに非課税売上

です。

岡野）ただし，その後に続けて債権が債務者により保有されることで，民法179条の混同により，債権債務が消滅します。この取引は，DESを行えば，必然的に生じるわけですから，この受動的な変動部分まで見ると，同一性が保持されておらず，資産の譲渡に該当しないではないか，という議論があったわけです。

村木）しかし，この混同による消滅は，いわばもらい事故ですね。発行法人の立場としては，一旦，資産の取得をしていることは間違いないわけです。この点，自己株式の取得では，発行法人が取得するのは「資産」ではありません。譲渡する株主にとっては「資産」ですが，発行法人にとっては，「資本の払戻し」に過ぎないのです。

濱田）村木さんが仰っていることは，自己株式取得の場面において「物」に着目して同一性保持がされていると，このDESの取扱いとの関係に悩むということだったのですね。だから，自己株式取得の議論は，株主の立場として払戻しを受けることだから，「権利」に着目して資産の譲渡の対価かどうかの理解をすべきだと。

白井）確かに，商法時代の株式の有償消却の方法により減資を行うために株主から自己株式を取得する場合も資産の譲渡等に該当しないとされていましたね。

村木）はい。理論的整合性があるので結論には納得できるのですが，会社法になってから突然逐条解説で「同一性保持」という用語を使った説明がでてきたので，商法時代と考え方が変わったのかと思ってしまいました。
　確かに，過去の逐条解説を見ると，資本の払戻しであることを資産の譲渡に該当しない理由として記述していて，実質的な変更はないことがわかります。

改正を遡ることによって，制度の趣旨が明らかになるいい例といえるでしょう。

2 消費税法9条の2第4項　特定期間

1）条文名

消費税法9条の2第4項

(前年又は前事業年度等における課税売上高による納税義務の免除の特例)
第9条の2
4　前3項に規定する特定期間とは，次の各号に掲げる事業者の区分に応じ当該各号に定める期間をいう。
　一　個人事業者　その年の前年1月1日から6月30日までの期間
　二　その事業年度の前事業年度（#1）がある法人　当該前事業年度開始の日以後6月の期間
　三　その事業年度の前事業年度が短期事業年度である法人　その事業年度の前々事業年度（#2）開始の日以後6月の期間（#3）
　　#1　7月以下であるものその他の政令で定めるもの（次号において「短期事業年度」という。）を除く。
　　#2　その事業年度の基準期間に含まれるものその他の政令で定めるものを除く。
　　#3　当該前々事業年度が6月以下の場合には，当該前々事業年度開始の日からその終了の日までの期間

2）条文解釈上の論点

- 前事業年度が短期事業年度に該当するか。
- 6月の期間の末日はどのように決まるのか。
- 特定期間から除外される事業年度とは。

3）条文における着目点

- 数値等を用い具体化する。
- イレギュラーな場面を想定する。
- 条文を図・表・フローチャートにする。

4）検 討

(1) 特定期間の判定が導入された理由

内藤）消費税の納税義務の判定の一つに，特定期間における課税売上高によるものがありますね。基準期間の課税売上高が1,000万円以下であっても，特定期間の課税売上高が1,000万円を超えると，その課税期間は消費税の納税義務が免除されないというものです。

特定期間は一般的に前事業年度開始の日から6月間なので，納税義務を基準期間だけで判定していると，特定期間による判定では納税義務があるのにもかかわらず申告を失念する事態が生じてしまいます。そこで，そのような事態にならないために，条文で特定期間を確認したいのですが。

岡野）まず制度趣旨を考えてみましょう。消費税法の創設当初の納税義務の判定は，小規模零細事業者の事務負担を考慮して基準期間の課税売上高のみの判定でした。そのため，基準期間のない事業者は，たとえ資本金が何億円もある事業規模が大きい法人であっても納税義務はありませんでした。このような法人は，多くの課税売上高があるのにもかかわらず消費税の納税がされないことから問題となっていました。

村木）そのため，期首資本金額が1,000万円以上の法人は，納税義務が免除されないこととなったのですね。しかし，資本金額は簡単に調整することができるし，事業規模は資本金額だけで決まるものではないので，前事業年度の課税売上高を使って納税義務の判定をさせようとしたのですね。これが特定期間による判定が導入された理由です。

(2) 特定期間の原則

濱田）前事業年度の課税売上高といっても，前事業年度まるまる計算すると，当事業年度開始日までに納税義務の判定ができないので，割り切りとして前半

6か月の課税売上高を使って判定するのですね。

白井）ですから，個人事業者の場合の特定期間は，その年の前年1月1日から6月30日までの期間となります。
　法人の場合も，前事業年度開始の日以後6月の期間とされています。

内藤）であれば，それほど難しくないと思うのですが，なぜこの条文はわかりにくいのでしょうか。

岡野）法人も事業年度の期間が常に12月であれば難しい規定を用意することはありません。しかし，半年決算法人も少なからず存在します。そして新設の法人の設立事業年度の期間は12月でないことのほうが普通ですし，また，決算期を変更した場合には，前事業年度の期間が12月でなくなります。
　それと，事業年度末日が月末でない，例えば3月20日が事業年度終了日となっている法人もあります。
　このように前事業年度がイレギュラーな法人に対応するための作りになっているのが，この条文が読みにくい理由なのです。

村木）まずは消費税法9条の2第4項をみてみましょう。

第9条の2
4　前3項に規定する特定期間とは，次の各号に掲げる事業者の区分に応じ当該各号に定める期間をいう。
　一　個人事業者　その年の前年1月1日から6月30日までの期間
　二　その事業年度の前事業年度（#1）がある法人　当該前事業年度開始の日以後6月の期間
　三　その事業年度の前事業年度が短期事業年度である法人　その事業年度の前々事業年度（#2）開始の日以後6月の期間（#3）
　　#1　7月以下であるものその他の政令で定めるもの（次号において「短期事業年度」という。）を除く。

#2 その事業年度の基準期間に含まれるものその他の政令で定めるものを除く。
#3 当該前々事業年度が6月以下の場合には，当該前々事業年度開始の日からその終了の日までの期間

　個人の特定期間は前年1月から6月までの期間です。法人の特定期間は前事業年度開始の日以後6月の期間か前々事業年度開始の日以後6月の期間となりますが，この分かれ目は前事業年度が短期事業年度に該当するかどうかです。これを表にすると，次のようになります。

事業者の区分	特定期間
個人事業者	前年1月1日から6月30日までの期間
前事業年度が短期事業年度でない法人	前事業年度開始の日以後6月の期間
前事業年度が短期事業年度である法人	前々事業年度開始の日以後6月の期間

　つまり，前事業年度が短期事業年度に該当すると，特定期間は前事業年度でなく，前々事業年度になります。

(3) 短期事業年度

濱田） この短期事業年度は，消費税法施行令20条の5第1項で規定されています。

> 第20条の5　法第9条の2第4項第2号に規定する前事業年度から除かれる同号に規定する政令で定めるものは，次に掲げるものとする。
> 一　その事業年度の前事業年度で7月以下であるもの
> 二　その事業年度の前事業年度（#1）で法第9条の2第4項第2号に規定する6月の期間の末日（#2）の翌日から当該前事業年度終了の日までの期間が2月未満であるもの
> #1　7月以下であるものを除く。
> #2　当該6月の期間の末日が次条第1項各号に掲げる場合に該当するときは当該各号に定める日

　前事業年度が短期事業年度に該当するのは，前事業年度が7月以下の場合と，前事業年度が7月超で，かつ，「前事業年度開始の日以後6月の期間の末日の

翌日から事業年度終了の日までの期間」が2月未満の場合の2パターンあります。これをまとめると次のようになります。

前事業年度の期間	前事業年度開始の日以後**6月の期間の末日**の翌日から前事業年度終了日までの期間	短期事業年度	特定期間
① 7月以下	───	該当する	前々事業年度
② 7月超	2月未満	該当する	前々事業年度
	2月以上	該当しない	前事業年度

村木）前事業年度の期間が7月超である場合は，前事業年度開始の日以後6月の期間の末日から前事業年度終了日までの期間2月以上かどうかの判定があります。この2月にはどのような意味があるのでしょうか。

岡野）事業年度開始前には納税義務が判明していなければならない，という大前提がありますので，その判断ができるように2月の計算期間を設けていると考えることができます。
　ですから，前事業年度の期間が7月以下の場合は無条件で短期事業年度に該当します。

内藤）通常の法人は前事業年度の期間は12月なので，前事業年度に特定期間があることになります。設立2期目の法人や，前事業年度に決算日を変更した法人が前事業年度が短期事業年度かどうかの判定をすることになるのですね。具体例を挙げてもらえますか。

白井）3月31日を決算日としていた法人が平成28年6月に決算日を8月20日に変更し，その年12月に決算日を3月31日に再変更した場合の平成29年4月から始まる事業年度の判定を考えてみましょう。

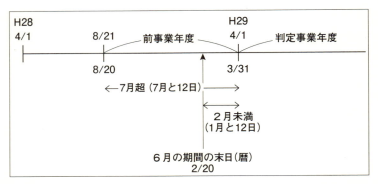

岡野）この場合，前事業年度は8月21日から3月31日までの期間なので，7月超ですね。そして，前事業年度開始の日以後6月の期間の末日の翌日，2月21日から事業年度終了日までの期間は2月未満となりますので，ここまでの説明では前事業年度は短期事業年度に該当することになります。

(4) 6月の期間の末日の特例（短期事業年度に係るもの）

村木）ところが，消費税法施行令20条の6第1項に，「6月の期間」の特例があり，6月の期間の末日を前倒しすることが規定されています。

> **第20条の6** 法第9条の2第4項第2号に規定する6月の期間の末日が次の各号に掲げる場合に該当するときは，同項第2号に規定する前事業年度開始の日から当該各号に定める日までの期間を当該6月の期間とみなして，同項の規定を適用する。
> 一 法第9条の2第4項第2号に規定する6月の期間の末日がその月の末日でない場合（#1） 当該6月の期間の末日の属する月の前月の末日
> 二 法第9条の2第4項第2号に規定する6月の期間の末日がその日の属する月の当該前事業年度の終了応当日（#2）でない場合（#3） 当該6月の期間の末日の直前の終了応当日
>> #1 当該前事業年度終了の日（#1-1）が月の末日である場合に限る。
>> #1-1 当該6月の期間の末日後に当該終了の日の変更があつた場合には，その変更前の終了の日とする。以下この項において同じ。
>> #2 当該前事業年度終了の日に応当する当該前事業年度に属する各月の日をいう。以下この号において同じ。

#3 当該前事業年度終了の日が月の末日である場合を除く。

岡野）先にこの内容をまとめると次の表のようになります。

暦による6月の期間の末日	前事業年度終了の日	6月の期間の末日とみなされる日
① その月の末日でない	月末	6月の期間の末日の属する月の前月の末日
② その日の属する月の前事業年度の終了応当日でない	月末以外	6月の期間の末日の直前の終了応当日

白井）はい，①は前事業年度終了の日が月末で，暦による6月の期間の末日がその月の末日でない場合は，暦による6月の期間の末日の属する月の前月末日を6月の期間の末日とするものです。

内藤）この特例は，前事業年度開始の日から6月の期間を少し短縮するものなのですね。

濱田）先の例は①にあてはまります。前事業年度終了の日が月末ですし，8月21日から暦による6月の期間の末日は2月20日ですが，この日は2月末日ではないですね。だから6月の期間の末日は6月の期間の末日の属する月の前月末日である1月末日とみなされます。すると，1月末日の翌日の2月1日から事業年度末日の3月31日までの期間は2月となり，前事業年度は短期事業年度に該当しないことになります。

村木）ちなみに，①と②の判定に当たっては，事後的に短期事業年度に該当させることを防止するために，6月の期間の末日後に前事業年度終了の日の変更がされた場合であっても，変更前の状態で判定を行うということが，括弧書き（#1-1）で規定されています。

岡野）次に②を見てみましょう。こちらは暦による6月の期間の末日がその日

の属する月の前事業年度終了応当日でない場合は，暦による６月の期間の末日の直前終了応当日までを６月の期間の末日とするものです。

「前事業年度の終了応当日」は，「当該前事業年度終了の日に応答する当該前事業年度に属する各月の日」をいいます。

白井）前事業年度開始日が９月29日で８月31日が決算日である法人は，暦による６月の期間の末日が閏年の２月28日ということもあるのでしょうが，この場合は最後の括弧書きで「当該前事業年度終了の日が月の末日である場合を除く。」とされているので②には該当しません。

濱田）②に該当するのは，決算日が月末でなく，前事業年度開始日が前事業年度終了応当日の翌日でない場合です。①②に該当するかどうかは，言葉で考えるよりも，具体的日付を入れて検証したほうがわかりやすいですね。下に，検証例を挙げておきましたので，確認してみてください。

前事業年度		６月の期間の末日		２月判定	摘　要
開始日	終了日	暦	みなし		
1/1	8/15	6/30	6/15	6/16～8/15	②に該当
1/10	8/15	7/9	6/15	6/16～8/15	②に該当
1/10	8/31	7/9	6/30	7/1～8/31	①に該当
1/21	9/20	7/20		7/21～9/20	６月末日が応当日

①に該当するもの……事業年度末日が月末で，事業年度初日が月初めでない事業年度
　（例）通常の新設の法人
②に該当するもの……事業年度末日が月末以外で，事業年度初日が決算日の翌日の日でないもの
　（例）20日決算など月末決算日以外の新設の法人

内藤）①又は②に該当すると，６月の期間の末日から前事業年度終了日までの期間は２月以上となるように調整されてしまうのですね。

結局，この「６月の期間の末日」の特例というのはどのような趣旨で設けられているものなのでしょうか。

村木）新設の法人の設立1年目の事業年度は月の途中から開始することがあります。この場合，設立日から6月間を特定期間とすると，月の途中で売上高を把握しなければならなくなり，余計な手間がかかってしまいます。

そこで，このような手間がかからないように，月末が特定期間の終了日となるようにしたのだと思いますね。

白井）そして，月末が決算日でない前事業年度についてテクニカルに規定したものが②ということです。

内藤）ここまでわかりました。で，話が短期事業年度に戻りますが，前事業年度の期間が7月超の場合は①又は②に該当し，その結果，「6月の期間の末日の翌日から当該前事業年度終了の日までの期間」が2月未満になることはないのではありませんか。

岡野）そうなのです。私にはそのようなケースが見つけられないのです。

濱田）それでも本当にないと言い切るのには勇気が必要です。なんといっても，主税局の方が作った条文ですから。

内藤）まだ，我々には場面想定力が不足しているようです。

(5) 特定期間から除かれる事業年度

村木）話が戻ったついでに質問です。先の例の8月21日から3月31日までの課税期間に係る特定期間はどうなると思いますか。

内藤）前事業年度は4月1日から8月20日までなので，短期事業年度に該当しますね。つまり，その前の事業年度の（H27）4月1日から9月30日までの期間が特定期間ですか。

白井）この期間は，基準期間による納税義務の判定に含まれます。ですので，この期間を二重に納税義務の判定に使う必要がありません。したがって，この法人の8月21日から3月31日までの課税期間に係る特定期間はないことになります。

岡野）こちらの規定は，消費税法施行令20条の5第2項に規定されています。

> **第20条の5**
> 2　法第9条の2第4項第3号に規定する前々事業年度から除かれる同号に規定する政令で定めるものは，次に掲げるものとする。
> 　一　その事業年度の前々事業年度で当該事業年度の基準期間に含まれるもの
> 　二　その事業年度の前々事業年度（#1）で法第9条の2第4項第3号に規定する6月の期間の末日（#2）の翌日から当該前々事業年度の翌事業年度終了の日までの期間が2月未満であるもの
> 　三　その事業年度の前々事業年度（#3）でその翌事業年度が2月未満であるもの
> 　　#1　6月以下であるものを除く。
> 　　#2　当該6月の期間の末日が次条第2項各号に掲げる場合に該当するときは当該各号に定める日
> 　　#3　6月以下であるものに限る。

　1号は上で説明しました。2号は特定期間により納税義務の判定をすると，その事業年度開始の日までに2月間の期間が確保されなくなる場合です。3号は，前々事業年度が6月以下で，前事業年度が2月未満である場合の取扱いです。かなり特殊で，一般的ではありませんね。

濱田）なお，消費税法施行令20条の6第2項でも「6月の期間の末日」について特例が設けられているのですね。対象となるのが前事業年度でなく前々事業年度であること以外は短期事業年度の規定と同じです。

第20条の6

2 法第9条の2第4項第3号に規定する6月の期間(#1)の末日が次の各号に掲げる場合に該当するときは、同項第3号に規定する前々事業年度開始の日から当該各号に定める日までの期間を当該6月の期間とみなして、同項の規定を適用する。

一 法第9条の2第4項第3号に規定する6月の期間の末日がその月の末日でない場合(#2) 当該6月の期間の末日の属する月の前月の末日

二 法第9条の2第4項第3号に規定する6月の期間の末日がその日の属する月の当該前々事業年度の終了応当日(#3)でない場合(#4) 当該6月の期間の末日の直前の終了応当日

#1 同号に規定する前々事業年度が6月以下である場合における当該6月の期間を除く。

#2 当該前々事業年度終了の日(#2-2)が月の末日である場合に限る。

#2-2 当該6月の期間の末日後に当該終了の日の変更があつた場合には、その変更前の終了の日とする。以下この項において同じ。

#3 当該前々事業年度終了の日に応当する当該前々事業年度に属する各月の日をいう。以下この号において同じ。

#4 当該前々事業年度終了の日が月の末日である場合を除く。

内藤） 最後にこの条文の読む上でのポイントを教えていただきたいのですが。

村木） 日付が絡む条文は、具体的に日付を入れ込んで条文にあてはめていくことが重要です。つまり、条文を具体化するのです。実務で判定するのであれば、必ず日付を入れて考えるでしょう。条文は抽象的にできていますので、そのままではわかったような気にしかなりません。

白井） 事業年度は1年（12月）との固定観念をなくすこと、新設の法人、事業年度を変更した法人、月末が決算日でない法人なども想定する必要があります。

岡野） 図表を作成するのも有益です。図にすると、全体のイメージが湧きやすいですし、表を作成するといろいろなパターンも考えつきます。

濱田）次のような特定期間の判定のフローチャートを作成してもいいですね。判定ポイントが整理できますし，何より実務で使えます。

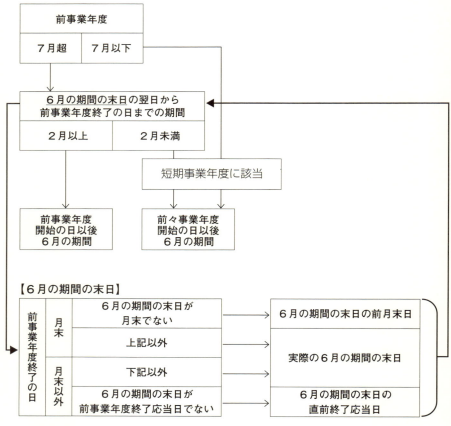

(注)「前事業年度終了の日」は，6月の期間の末日後に前事業年度の変更があった場合には，変更前の終了の日とする。

4 相続税法

1 相続税法19条の2　配偶者の税額軽減と相次相続控除

1）条文名

相続税法19条の2

（配偶者に対する相続税額の軽減）
第19条の2　被相続人の配偶者が当該被相続人からの相続又は遺贈により財産を取得した場合には，当該配偶者については，第1号に掲げる金額から第2号に掲げる金額を控除した残額があるときは，当該残額をもつてその納付すべき相続税額とし，第1号に掲げる金額が第2号に掲げる金額以下であるときは，その納付すべき相続税額は，ないものとする。
一　当該配偶者につき第15条から第17条まで及び前条の規定により算出した金額
二　当該相続又は遺贈により財産を取得した全ての者に係る相続税の総額に，次に掲げる金額のうちいずれか少ない金額が当該相続又は遺贈により財産を取得した全ての者に係る相続税の課税価格の合計額のうちに占める割合を乗じて算出した金額
　イ　当該相続又は遺贈により財産を取得した全ての者に係る相続税の課税価格の合計額に民法第900条（＃1）の規定による当該配偶者の相続分（＃2）を乗じて算出した金額（＃3）に相当する金額（＃4）
　ロ　当該相続又は遺贈により財産を取得した配偶者に係る相続税の課税価格に相当する金額
　＃1　法定相続分
　＃2　相続の放棄があつた場合には，その放棄がなかつたものとした場合における相続分
　＃3　当該被相続人の相続人（＃3-1）が当該配偶者のみである場合には，当該合計額
　＃3-1　相続の放棄があつた場合には，その放棄がなかつたものとした場合における相続人

＃４　当該金額が１億6,000万円に満たない場合には，１億6,000万円
２　前項の相続又は遺贈に係る第27条の規定による申告書の提出期限（＃１）までに，当該相続又は遺贈により取得した財産の全部又は一部が共同相続人又は包括受遺者によつてまだ分割されていない場合における前項の規定の適用については，その分割されていない財産は，同項第２号ロの課税価格の計算の基礎とされる財産に含まれないものとする。ただし，その分割されていない財産が申告期限から３年以内（＃２）に分割された場合には，その分割された財産については，この限りでない。
　　＃１　以下この項において「申告期限」という。
　　＃２　当該期間が経過するまでの間に当該財産が分割されなかつたことにつき，当該相続又は遺贈に関し訴えの提起がされたことその他の政令で定めるやむを得ない事情がある場合において，政令で定めるところにより納税地の所轄税務署長の承認を受けたときは，当該財産の分割ができることとなつた日として政令で定める日の翌日から４月以内
３　第１項の規定は，第27条の規定による申告書（＃１）又は国税通則法第23条第３項（＃２）に規定する更正請求書に，第１項の規定の適用を受ける旨及び同項各号に掲げる金額の計算に関する明細の記載をした書類その他の財務省令で定める書類の添付がある場合に限り，適用する。
　　＃１　当該申告書に係る期限後申告書及びこれらの申告書に係る修正申告書を含む。第５項において同じ。
　　＃２　更正の請求
４　税務署長は，前項の財務省令で定める書類の添付がない同項の申告書又は更正請求書の提出があつた場合においても，その添付がなかつたことについてやむを得ない事情があると認めるときは，当該書類の提出があつた場合に限り，第１項の規定を適用することができる。
５　第１項の相続又は遺贈により財産を取得した者が，隠蔽仮装行為に基づき，第27条の規定による申告書を提出しており，又はこれを提出していなかつた場合において，当該相続又は遺贈に係る相続税についての調査があつたことにより当該相続税について更正又は決定があるべきことを予知して期限後申告書又は修正申告書を提出するときは，当該期限後申告書又は修正申告書に係る相続税額に係る同項の規定の適用については，同項第２号中「相続税の総額」とあるのは「相続税の総額で当該相続に係る被相続人の配偶者が行つた第６項に規定する隠蔽仮装

行為による事実に基づく金額に相当する金額を当該財産を取得した全ての者に係る相続税の課税価格に含まないものとして計算したもの」と,「課税価格の合計額のうち」とあるのは「課税価格の合計額から当該相当する金額を控除した残額のうち」と,同号イ中「課税価格の合計額」とあるのは「課税価格の合計額から第6項に規定する隠蔽仮装行為による事実に基づく金額に相当する金額（♯1）を控除した残額」と,同号ロ中「課税価格」とあるのは「課税価格から第6項に規定する隠蔽仮装行為による事実に基づく金額に相当する金額（♯2）を控除した残額」とする。

♯1　当該配偶者に係る相続税の課税価格に算入すべきものに限る。
♯2　当該配偶者に係る相続税の課税価格に算入すべきものに限る。

6　前項の「隠蔽仮装行為」とは,相続又は遺贈により財産を取得した者が行う行為で当該財産を取得した者に係る相続税の課税価格の計算の基礎となるべき事実の全部又は一部を隠蔽し,又は仮装することをいう。

（相次相続控除）
第20条　相続（♯1）により財産を取得した場合において,当該相続（♯2）に係る被相続人が第二次相続の開始前10年以内に開始した相続（以下この条において「第一次相続」という。）により財産（♯3）を取得したことがあるときは,当該被相続人から相続により財産を取得した者については,第15条から前条までの規定により算出した金額から,当該被相続人が第一次相続により取得した財産（♯4）につき課せられた相続税額（♯5）に相当する金額に次の各号に掲げる割合を順次乗じて算出した金額を控除した金額をもって,その納付すべき相続税額とする。

♯1　被相続人からの相続人に対する遺贈を含む。以下この条において同じ。
♯2　以下この条において「第二次相続」という。
♯3　当該第一次相続に係る被相続人からの贈与により取得した第21条の9第3項の規定の適用を受けた財産を含む。
♯4　当該第一次相続に係る被相続人からの贈与により取得した第21条の9第3項の規定の適用を受けた財産を含む。
♯5　延滞税,利子税,過少申告加算税,無申告加算税及び重加算税に相当する相続税額を除く。第1号において同じ。

一　第二次相続に係る被相続人から相続又は遺贈（♯1）により財産を取得したすべての者がこれらの事由により取得した財産の価額（♯2）の合計額の当該被相続人が第一次相続により取得した財産（♯3）の価額（♯4）から当該財産に係る

相続税額を控除した金額に対する割合（#5）
　　#1　被相続人からの相続人に対する遺贈を除く。次号において同じ。
　　#2　相続税の課税価格に算入される部分に限る。
　　#3　当該第一次相続に係る被相続人からの贈与により取得した第21条の9第3項の規定の適用を受けた財産を含む。
　　#4　相続税の課税価格計算の基礎に算入された部分に限る。
　　#5　当該割合が100分の100を超える場合には，100分の100の割合
　二　第二次相続に係る被相続人から相続により取得した財産の価額（#1）の第二次相続に係る被相続人から相続又は遺贈により財産を取得したすべての者がこれらの事由により取得した財産の価額（#2）の合計額に対する割合
　　#1　相続税の課税価格に算入される部分に限る。
　　#2　相続税の課税価格に算入される部分に限る。
　三　第一次相続開始の時から第二次相続開始の時までの期間に相当する年数を10年から控除した年数（#1）の10年に対する割合
　　#1　当該年数が1年未満であるとき又はこれに1年未満の端数があるときは，これを1年とする。

2）条文解釈上の論点

配偶者の税額軽減が相次相続控除に及ぼす影響はどれほどか。

3）条文における着目点

未分割遺産が分割できた場合の手続はどうか。

4）検　討

- 配偶者の税額軽減をあえて使わないという選択は認められるのか。
- 相次相続控除の計算構造の問題点はないか。
- 改正後の更正の請求は理解できるか。

(1)　基本の確認

白井）配偶者の税額軽減と相次相続控除を取り上げたいのですが。いずれも実

務では，一般的な申告で適用される身近な条文であり，一般には難解条文と認識されているわけではないのですが。ただ，限定された状況では意外な節税が可能になることがあります。そこに立法上の意図があるのか，あるいは計算構造に疑問があるのかを検討したいと思います。

内藤）内容を確認すると，被相続人の配偶者が，遺産分割や遺贈により取得した遺産額が，次の金額のどちらか多い金額までは配偶者に相続税はかからないという制度です。
- 1億6千万円
- 配偶者の法定相続分に相当する額

岡野）実際に配偶者が取得した正味の遺産額が軽減対象になります。なので，申告期限までに遺産分割が整っていない財産は，税額軽減の対象になりません。

【分割見込書・承認申請書を提出していない場合の不利益】

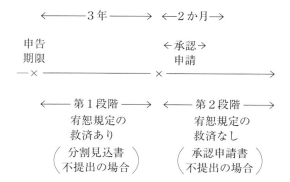

村木）その場合は，申告書に「申告期限後3年以内の分割見込書」を添付し，その後，申告期限から3年以内に分割したときは，税額軽減の対象になります。

濱田）さらに，分割の調停など，やむを得ない事情があるときは，相続税の申

告期限から3年を経過する日の翌日から2月を経過する日までに税務署長の承認(相令4の2②)を受けることで,分割可能となった日の翌日から4か月以内に分割されたときも,税額軽減の対象になります。

白井) 更正の請求ができるのですね。

濱田) 実務上注意すべきは承認申請には宥恕規定がないことです。任務懈怠があったとして申告を担当した税理士が賠償請求を受けたという事案がいくつもあるので継続管理が不可欠です(東京地裁平成15年9月8日)。

白井) 他に論点になるのはどのあたりですか。

岡野) まず,資産家の夫婦に連続して相続が起こった場合に限るのですが,あえて配偶者の軽減を使わないことで,節税ができてしまいます。相次相続控除が使えるのが原因なのですがこれを検討しましょう。

内藤) 次に,配偶者の税額軽減は,当初申告要件がありません。平成23年12月改正で,いくつかの規定で当初申告要件を廃止し,また,更正期間を5年とする改正がありましたが,その際に,配偶者の税額軽減も当初申告要件が廃止されています。この点も取り扱います。

白井) では,条文を使って,これら論点を中心に検討していきましょう。

(2) 配偶者の税額軽減をあえて使わないという選択

濱田) 相次相続が絡む場合には,配偶者の税額軽減をあえて使わないという選択によって節税ができてしまう場合があるのですね。

内藤) 相続税法が予定する節税なのか,条文の問題なのかということですね。

白井）そもそも，配偶者の税額軽減は，当然に適用するものだと思っていました。任意規定なのですか。

岡野）実質的には，任意規定と位置づけられます。それは相続税法19条の2第3項の申告要件から明らかです。

> 3　第1項の規定は，第27条の規定による申告書（#1）又は国税通則法第23条第3項（更正の請求）に規定する更正請求書に，第1項の規定の適用を受ける旨及び同項各号に掲げる金額の計算に関する明細の記載をした書類その他の財務省令で定める書類の添付がある場合に限り，適用する。
> 　#1　当該申告書に係る期限後申告書及びこれらの申告書に係る修正申告書を含む。第5項において同じ。

村木）申告書に添付書類を付けない場合には，適用されないというわけですね。

白井）配偶者の税額軽減は，任意規定だということですが，あえて適用しないことにどのような意味があるのでしょうか。

岡野）夫婦に多額の資産があるような資産家に短期間に連続して相続があった場合が問題となる典型です。

　　A×C／（B－A）×D／C×（10－E）／10＝各相続人の相次相続控除額
　　※C／（B－A）が100／100を超えるときは100／100
　　A：今回の被相続人が前の相続の際に課せられた相続税額
　　B：被相続人が前の相続の時に取得した純資産価額
　　C：今回の相続，遺贈や相続時精算課税に係る贈与によって財産を取得したすべての人の純資産価額の合計額
　　D：今回のその相続人の純資産価額
　　E：前の相続から今回の相続までの期間

白井）具体的に説明してください。

村木）例えば，父の相続財産10億，母の相続財産も10億（すべて元から母の固有財産という前提）という場合です。つまり夫婦が共に資産家で，かつ，一次相続の申告期限内に，二次相続が発生してしまったというように相続が連続した場合です。相続人は子1人。さて，父の財産をどう相続すべきかと。説明を簡潔にするため相続税率は50％とします。

濱田）税理士なら税負担の観点から，二次相続まで考えた遺産分割をアドバイスします。残された子供が一次相続と二次相続の遺産分割協議を行いますが，一次相続での母の取得財産をどうするかを小規模宅地等の特例を含め，税務上有利になる分割手法を税務は認めています。この事例がそのような実務が認める分割手法の範疇に入るのか。

岡野）小規模宅地特例なら，一次相続での分割協議中に二次相続が発生したからといって遺産分割で不利になるのは酷ですから，小規模宅地特例の有利な適用を前提にした一次相続の分割を認めるわけです。その趣旨からは本事例の節税効果は異質でしょうね。

内藤）算式の（B－A）部分に着目してください。ここで，配偶者の税額軽減を使わなければ，父の相続で生じた相続税である5億円が，母の相続税申告では全額控除できることになります。これでいいのか，という問題です。

$$5億円 \times \frac{15億円}{10億円-5億円}\left(\frac{100}{100}\right) \times \frac{15億円}{15億円} \times \frac{10年}{10年} \times = 5億円（相次相続控除）$$

白井）つまり，相次相続控除の論点でもあるのですね。

岡野）相続税の配偶者の税額軽減は，明細の添付が要件であるため，軽減しなくてもよい。つまり，任意規定だということになると，次のような選択肢がありそうです。
　① 一次相続で，母が10億円を相続し，配偶者の税額軽減を受ける。
　　　一次相続の税額……2.5億円
　　　二次相続の税額……6.25億円（8.75億円－2.5億円（相次相続控除））
　② 一次相続で，母と子が5億円ずつ相続し，配偶者の税額軽減を受ける。
　　　一次相続の税額……2.5億円
　　　二次相続の税額……7.5億円
　③ 一次相続で，母は財産を取得せず，子がすべてを相続する。
　　　一次相続の税額……5億円
　　　二次相続の税額……5億円

白井）ここまでを見ると，一次相続では①や②を選択した方がよいように思えます。母がどれだけの遺産を取得するか。配偶者の税額軽減を適用するのは当然として，ここであえて発想を転換してみます。
　④ 一次相続で，母が10億円を相続するが，配偶者の税額軽減は受けない。
　　　一次相続の税額……5億円
　　　二次相続の税額……2.5億円（7.5億円－5億円（相次相続控除額））

　④を選択すれば，①より1.25億円，②と③より2.5億円，納税額が減少してしまいます。

村木）配偶者の税額軽減は，本来，配偶者が夫婦で共同財産形成した分の財産分与を非課税扱いしたものと理解できます。であれば，むしろ，相次相続の一連のプロセス全体で税額を計算することになる，この④の計算の方が趣旨に適っているとも言えるのではないでしょうか。

濱田）なるほど。ただ，税法のあるべき姿として考えれば，子が取得する財産は全財産20億円に対して税額を払った半分というのが本来です。しかし，たまさか，母親が連続して亡くなったら，税額が減って，手取りが増えるというのは，おかしな話ではないでしょうか。

　Aルートを使ったら莫大な税金で，Bルートを使ったら税金が安い，というのも変な話です。分割のテクニックで節税ができるというのは公平性という税法理論に反します。もっとも，納税者のために持てる知識を動員して，税額を軽減するのが税理士の役割ですが。

内藤）このような選択はいつでもできるわけではありませんし。この設例で言えば，夫の相続税申告の期限内に，妻の相続が発生しているという状況ですから，選択に悩むわけです。しかし，夫の相続税申告の期限後に，妻の相続が開始した場合であれば，悩みようがありませんよね。

白井）この内容で申告するのは非常に勇気がいりますね。ただ，実際に実務で認められたと聞いています。

濱田）妻に近く相続発生が予想される場合に，夫の相続税申告であえて配偶者の税額軽減を使わないということも，実際には無理ですよね。妻に相続が発生しなかったら，大変なことになります。

岡野）いや，別に期限内に意思決定する必要はないのです。平成23年12月改正によって，配偶者の税額軽減規定は，当初申告要件が外れました。適用せずに当初申告し，更正の請求や修正申告の段階で初めて適用することも可能です。

村木）息子・娘達とすれば，父親の相続が開始して悲しんでいるところに，母親が死ぬか生きるかで税額が大違いだと悩むなどということは，考えなくてもいいわけですね。安心しました。

内藤）ただ，更正の請求ができる可能性だけは，失念しないようにし，少なくとも検討はすべきですね。そうでないと，税賠がちらつきます。

(3) 当初申告要件の廃止の意味内容

白井）配偶者の税額軽減は当初申告要件が廃止されました。従来から期限後申告，修正申告でも適用できましたが，更正の請求も可能になりました（相法19の2③）。何が変わるのでしょうか。

> 3　第1項の規定は，第27条の規定による申告書（#1）又は国税通則法第23条第3項（#2）に規定する更正請求書に，第1項の規定の適用を受ける旨及び同項各号に掲げる金額の計算に関する明細の記載をした書類その他の財務省令で定める書類の添付がある場合に限り，適用する。
> 　＃1　当該申告書に係る期限後申告書及びこれらの申告書に係る修正申告書を含む。第5項において同じ。
> 　＃2　更正の請求

村木）当初の申告で，配偶者の税額軽減を失念して期限内申告しても，その後の更正の請求での適用が可能になったということです。

白井）平成23年の改正では国税通則法第23条第1項の更正の請求期限がそれまでの1年から5年に延長されています。この改正と未分割遺産が分割された場合の更正の請求との関係はどうなるでしょうか。

岡野）ここは，理解が難しい部分です。というのも申告期限から3年内の分割要件は維持されています。つまり，一般的な更正の請求期限は5年なのに，配偶者の税額軽減に関しては，4年目に分割されても更正の請求はできません。分割の調停などやむを得ない事由はないとの前提ですが。なお，これは小規模宅地等の特例も同じです。

白井）なるほど。ではまず，申告期限から3年以内に無事に分割協議が調った

場合を検討したいと思います。

内藤）次ですね。ここでは申告期限から5年間が更正の請求期限になります。つまり次のいずれか遅い日が更正の請求期限です。

① 分割から4月以内（相法32条①）。
② 申告期限から5年以内（通則法23条①）。

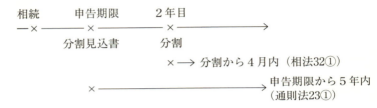

村木）確認する通達があります。なお、小規模宅地等の特例には、この通達は存在しないので注意が必要です。

> **相続税法基本通達**
> （法第19条の2第2項ただし書の規定に該当したことによる更正の請求の期限）
> **32−2** 法第19条の2第2項ただし書の規定に該当したことにより、同項の分割が行われた時以後においてその分割により取得した財産に係る課税価格又は同条第1項の規定を適用して計算した相続税額が当該分割の行われた時前において確定していた課税価格又は相続税額と異なることとなったときは、法第32条1項の規定による更正の請求のほか通則法第23条の規定による更正の請求もできるので、その更正の請求の期限は、当該分割が行われた日から4月を経過する日と法第27条第1項に規定する申告書の提出期限から5年を経過する日とのいずれか遅い日となるのであるから留意する。

濱田）申告期限から3年内の分割を要求していることは従前と同じです。ですので、3年内に分割できなかったときは次のように従前と変わりません。

① 調停中などやむを得ない事由がある場合
　3年経過日の翌日から2か月以内に税務署長に承認申請

和解等で分割可能となった日から4か月以内に分割すれば更正の請求可能
　② 単に未分割だった場合
　　配偶者の税額軽減は受けられない

岡野）②は疑問です。更正の請求期限は5年に延びたのに，なぜ3年内の分割を要求するのでしょうか。4年目に分割した場合は，3年経過から2か月以内の承認申請がないと，更正の請求は認められないことになります。制度として矛盾を感じます。

濱田）23年の改正前の更正の請求期間が1年の時代なら，未分割の場合は特別に3年内の分割を認めました。3年という期間は，更正処分の期間に合わせていたのでしょう。

白井）3年内にやむを得ない理由で分割できない場合でも更正の請求を可能とするために，更正の請求の権利をキープする手続を要求した。それが，承認申請だったわけですね。

岡野）従前の制度は，整合的だったと思いますよ。更正の請求期間が5年になったのに，なぜ，更正の請求の権利をキープするために，3年経過時の申請を要求するのでしょうか。しかも申請できるのは，やむを得ない事情がある場合だけです。

白井）たしかに手続に矛盾があるように思えますね。将来的に改正を期待したいところです。

2　租税特別措置法70条の7，70条の7の3　非上場株式等についての贈与税・相続税の納税猶予及び免除

1）条文名

租税特別措置法70条の7

租税特別措置法70条の7の3

（非上場株式等についての贈与税の納税猶予及び免除）
第70条の7
16　第1項の規定の適用を受ける経営承継受贈者又は当該経営承継受贈者に係る贈与者が次の各号のいずれかに掲げる場合に該当することとなつた場合（#1）には，次の各号に定める贈与税を免除する。この場合において，当該経営承継受贈者又は当該経営承継受贈者の相続人は，その該当することとなつた日から同日（#2）以後6月（#3）を経過する日（#4）までに，政令で定めるところにより，財務省令で定める事項を記載した届出書を納税地の所轄税務署長に提出しなければならない。

　一　当該贈与者の死亡の時以前に当該経営承継受贈者が死亡した場合　猶予中贈与税額に相当する贈与税

　二　当該贈与者が死亡した場合　猶予中贈与税額のうち，当該贈与者が贈与をした特例受贈非上場株式等に対応する部分の額として政令で定めるところにより計算した金額に相当する贈与税

　三　経営贈与承継期間の末日の翌日（#5）以後に，当該経営承継受贈者が特例受贈非上場株式等につき第1項の規定の適用に係る贈与をした場合　猶予中贈与税額のうち，当該贈与に係る特例受贈非上場株式等で同項の規定の適用に係るものに対応する部分の額として政令で定めるところにより計算した金額に相当する贈与税

　　#1　その該当することとなつた日前に第12項の規定の適用があつた場合及び同日前に第13項又は前項の規定による納税の猶予に係る期限の繰上げがあつた場合並びに経営贈与承継期間内に第4項各号に掲げる場合に該当することとなつた場合を除く。

#2 　第3号に掲げる場合に該当することとなつた場合にあつては，同号の特例受贈非上場株式等の贈与を受けた者が当該特例受贈非上場株式等について第1項の規定の適用に係る贈与税の申告書を提出した日
#3 　第2号に掲げる場合に該当することとなつた場合にあつては，10月
#4 　第27項において「免除届出期限」という。
#5 　経営贈与承継期間内に当該経営承継受贈者がその有する特例受贈非上場株式等に係る認定贈与承継会社の代表権を有しないこととなつた場合には，その有しないこととなつた日

（非上場株式等の贈与者が死亡した場合の相続税の課税の特例）
第70条の7の3
2　第70条の7第1項の規定の適用を受ける同条第2項第3号に規定する経営承継受贈者の同条第1項の規定の適用に係る贈与が同条第16項（#6）の規定の適用に係る贈与である場合における前項の規定の適用については，同項中「係る贈与者」とあるのは「係る前の贈与者（#7）」と，「当該贈与者」とあるのは「当該前の贈与者」と，「贈与により取得」とあるのは「前の贈与（#8）により当該贈与者又は当該他の経営承継受贈者が取得」と，「当該贈与の」とあるのは「当該前の贈与の」と，「第70条の7第2項第5号」とあるのは「同条第2項第5号」とする。

#6 　第3号に係る部分に限る。
#7 　当該経営承継受贈者に係る贈与者又は当該経営承継受贈者の同条第1項の規定の適用に係る贈与前に同項の規定の適用に係る特例受贈非上場株式等につき同条第16項（#7-1）の規定の適用に係る贈与をした他の経営承継受贈者のうち最も古い時期に同条第1項の規定の適用を受けていた者に当該特例受贈非上場株式等の贈与をした者をいう。
#7-1 　第3号に係る部分に限る。
#8 　当該経営承継受贈者に係る贈与者又は当該経営承継受贈者の同項の規定の適用に係る贈与前に同項の規定の適用に係る特例受贈非上場株式等につき第70条の7第16項（#8-1）の規定の適用に係る贈与をした他の経営承継受贈者のうち最も古い時期に同条第1項の規定の適用を受けていた者に対する当該特例受贈非上場株式等の贈与をいう。
#8-1 　第3号に係る部分に限る。

2) 条文解釈上の論点

「当該経営承継受贈者」が誰のことを指すのか。

3) 条文における着目点

「当該経営承継受贈者」の「当該」をどう考えるか。

4) 検　討

(1) 自社株納税猶予制度の概要

濱田) 租税特別措置法70条の7というと、「非上場株式等についての贈与税の納税猶予」に関する規定ですね。平成25年改正で、要件が緩和されて以前よりも使い易くなったという声が多いですが、ここで議論するのはそれとはまた別の改正点なのですよね。

村木) 平成25年改正に続き、平成27年改正でマイナーチェンジが行われています。具体的には、贈与税の納税猶予から贈与税の納税猶予へのバトンタッチを容認する改正が行われたということです。

岡野) いきなり、改正点のみクローズアップして説明しても、読者の方々は混乱するでしょうから、従前の自社株納税猶予の規定を概要で結構ですので、まとめていただけないでしょうか。

内藤) この条文をいきなり読んで理解できる人は、そうそういないでしょう。まさに、制度の概要をざっくりと把握してから読むべき条文の典型だと思います。

白井) 自社株納税猶予には、相続税と贈与税の2つの制度が存在します。まず、相続税の納税猶予を説明します。経営を承継した相続人等がこの制度の対象と

なる会社の代表権を持っていた個人から相続又は遺贈により一定の要件を満たす非上場株式等を取得した場合に，その非上場株式等に対応する分の相続税額の一部を，その承継者の死亡の日まで納税猶予するという制度です。

内藤）承継者の死亡により，猶予されていた相続税は免除され，承継者の相続において相続税の対象とされます。この承継者の死亡により新たに生じる相続税についても，さらに納税猶予の適用を受けることが可能です。

濱田）そうすると，何代かにわたってその会社の事業を承継し，相続税の納税猶予を受け続ければ，その間に生じる相続税のうち，非上場株式に対応する一部分は納税を免れることができるというわけですね。

内藤）贈与税の納税猶予についてはどのような内容になっていますか。

村木）経営を承継した受贈者が，納税猶予の対象となる会社の代表権を持っていた個人から一定の要件を満たす非上場株式等を贈与により取得した場合に，その非上場株式等に対応する分の贈与税額を，その贈与者の死亡の日まで納税を猶予するという制度です。

岡野）贈与者が死亡したら，猶予されていた贈与税が免除されるわけですが，贈与された非上場株式等は，その贈与者から相続により取得したものとみなされますので，次は，課税関係の精算としての相続税が待ち受けています。

白井）しかし，相続により取得したとみなされる非上場株式等については，相続税の納税猶予を受けることは可能とされていますので，一部の相続税については負担軽減が図られます。

濱田）この制度を使えば，相続税を全額永遠に免れることができるわけですか。

内藤）そんなはずはありませんね。納税猶予の対象となる自社株式は，株数ベースで3分の2の制限があります。さらに，猶予される税額は，その対象株数に対応する課税価格から基礎控除を引いて計算した後継者の税額の，最大80％が限度です。そのため，最低限20％の納税はその都度生じることになります。

岡野）ちなみに，贈与税の場合には，この80％の限度がなく，株数3分の2の縛りだけで，自社株納税猶予に対応する全額が対象になります。

白井）ただし，株数ベース3分の2基準では，議決権に制限のある株式数を除くので，国税庁や中小企業庁では「発行済議決権株式総数の3分の2まで」といっているようです。

(2) 平成27年改正の内容

内藤）平成27年改正前は，贈与税の納税猶予の適用を受けていた経営承継受贈者が，その贈与者が死亡する前に，次の後継者に特例対象となる非上場株式等を贈与することにより，事業を承継しようとすると，猶予されている贈与税をその時点で納める必要がありました。

濱田）つまり，平成27年改正前の制度は，次の①から③のパターンのバトンタッチは認めていたけれども，④の贈与税の納税猶予から贈与税の納税猶予へのバトンタッチは認めていなかったということですね。

〔バトンタッチが認められていたパターン〕
① 相続税の納税猶予→相続税の納税猶予
② 相続税の納税猶予→贈与税の納税猶予
③ 贈与税の納税猶予→相続税の納税猶予

〔バトンタッチが認められていなかったパターン〕
④　贈与税の納税猶予→贈与税の納税猶予

村木）要するに贈与者存命中に，生前贈与を受けた後継者が次の後継者に生前贈与を行ってバトンタッチをすると，猶予されていた贈与税は納税しなければならなかった，つまり，免除されなかったということです。

内藤）ちなみに，生前贈与を受けた後に贈与者が死亡すると，猶予されていた贈与税が免除されると同時に精算課税として相続税が課税されますが，この際は相続税の納税猶予に切り替えることが可能です。その後に次の後継者に非上場株式等を贈与する場合は，②に該当するということになります。ですので，村木さんの説明は，先代から贈与を受けた2代目が，先代存命中に次の3代目に贈与する場合は贈与の連続ということで④となり，納税猶予が打ち切られるということですね。

岡野）なぜ，④のパターンを認めていなかったのか定かではありませんが，そのことが，早期に事業承継を行おうとする際の一つの障害になっているとの声も聞かれていたようです。

白井）そのような経緯や，贈与・相続を通じて何代にもわたる事業承継を支援するという制度の趣旨も踏まえ，平成27年改正では，贈与税の納税猶予を適用している経営承継受贈者が次の後継者に非上場株式等の贈与をした場合においても，猶予税額を免除するという措置が講じられました。

(3) 租税特別措置法70条の7第16項の解釈

白井）納税猶予制度の概要や，平成27年改正の内容を先に説明してきたので，条文解釈の理解も進みやすいと思います。平成27年改正により，修正が加えられた条文を確認していきましょう。

濱田）まずは、猶予税額を免除する事由について規定した租税特別措置法70条の7第16項を見てみましょう。書き出しは、「第1項の規定の適用を受ける経営承継受贈者又は当該経営承継受贈者に係る贈与者が次の各号のいずれかに掲げる場合に該当することとなつた場合には、次の各号に定める贈与税を免除する。」とあります。

内藤）「第1項の規定」というのが、いわゆる「贈与税の納税猶予制度」のことを指します。よって、贈与税の納税猶予制度の適用を受ける贈与者と受贈者の身に1号から3号に掲げる事件が起こった場合に、猶予されている贈与税を免除するといっているのですね。

村木）1号と2号は、改正前から異動がありませんね。すなわち、1号が、受贈者死亡の場合、2号が贈与者死亡の場合です。受贈者と贈与者のいずれかが亡くなった場合には、その時点で、猶予されていた贈与税額が免除されるとの建て付けです。

岡野）平成27年改正で新たに付け加えられたのが、3号の規定ですね。具体的には次の内容です。

> 経営贈与承継期間の末日の翌日（略）以後に、当該経営承継受贈者が特例受贈非上場株式等につき第1項の規定の適用に係る贈与をした場合

白井）「経営贈与承継期間」とは、租税特別措置法70条の7第2項6号に定義がありまして、それによると、「前項の規定の適用に係る贈与の日の属する年分の贈与税の申告書の提出期限の翌日から同日以後5年を経過する日又は同項の規定の適用を受ける経営承継受贈者若しくは当該経営承継受贈者に係る贈与者の死亡の日の前日のいずれか早い日までの期間をいう。」とされています。通常であれば、非上場株式等を贈与した年の翌年3月16日から5年間という理解でよいのでしょう。

濱田）つまり、3号の対象は、経営贈与承継期間を過ぎた場合なのですね。この期間を過ぎてから贈与税の納税猶予を受けるための贈与をしたときには、猶予されている贈与税額を免除すると。これに対して、経営贈与承継期間内における贈与は、3号の対象外になるわけですね。5年の経営責任を全うしてからでないと次の後継者への贈与はできないというわけです。

(4) 租税特別措置法70条の7の3の解釈

村木）平成27年改正により、修正が加えられている条文がもう1つあります。贈与者が死亡した場合の相続税の取扱いを定めた租税特別措置法70条の7の3です。改正点を中心に条文の中身を見ていきましょう。なお、ここでは読替え規定の扱い方にも着目しておいてください。

内藤）租税特別措置法70条の7の3第1項は、贈与税の納税猶予を受けている場合に、その贈与者が亡くなった場合には、贈与により取得した非上場株式等をその贈与者から相続又は遺贈により取得したものとみなすとしています。

岡野）また、そのときにおける非上場株式等の評価は、贈与時の価額により行うことも規定しています。

白井）今回修正が加えられているのは、2項ですが、ここは、1項の読替え規定になっています。読替えが起こる場面は、「第70条の7第1項の規定の適用を受ける同条第2項第3号に規定する経営承継受贈者の同条第1項の規定の適用に係る贈与が同条第16項の規定の適用に係る贈与である場合」となっています。

　16項の括弧書きでは、「第3号に係る部分に限る。」としていますから、まさに、今回新たに導入された贈与税の納税猶予を受けている非上場株式等を贈与した場合が、この規定の適用場面ということになります。

濱田）読替えの中身は複雑そうですね。１項の中で，「係る贈与者」とあるのを「係る前の贈与者」と，「当該贈与者」とあるのを「当該前の贈与者」と，「贈与により取得」とあるのを「前の贈与により当該贈与者又は当該他の経営承継受贈者が取得」と，それぞれ読み替えないといけないのですね。

内藤）このような場合に，頭の中で読替えをするのは危険です。読替えを条文に反映してみると，次のようになります。

(非上場株式等の贈与者が死亡した場合の相続税の課税の特例)
第70条の７の３　第70条の７第１項の規定の適用を受ける同条第２項第３号に規定する経営承継受贈者に係る前の贈与者（当該経営承継受贈者に係る贈与者又は当該経営承継受贈者の同条第１項の規定の適用に係る贈与前に同項の規定の適用に係る特例受贈非上場株式等につき同条第16項（第３号に係る部分に限る。）の規定の適用に係る贈与をした他の経営承継受贈者のうち最も古い時期に同条第１項の規定の適用を受けていた者に当該特例受贈非上場株式等の贈与をした者をいう。）が死亡した場合（その死亡の日前に猶予中贈与税額に相当する贈与税の全部につき同条第４項から第６項まで，第12項，第13項又は第15項の規定による納税の猶予に係る期限が確定した場合及びその死亡の時以前に当該経営承継受贈者が死亡した場合を除く。）には，当該前の贈与者の死亡による相続又は遺贈に係る相続税については，当該経営承継受贈者が当該贈与者から相続（当該経営承継受贈者が当該贈与者の相続人以外の者である場合には，遺贈）により同条第１項の規定の適用に係る特例受贈非上場株式等（猶予中贈与税額に対応する部分に限り，合併により当該特例受贈非上場株式等に係る同項の認定贈与承継会社が消滅した場合その他の財務省令で定める場合には，当該特例受贈非上場株式等に相当するものとして財務省令で定めるものとする。次条において同じ。）の取得をしたものとみなす。この場合において，その死亡による相続又は遺贈に係る相続税の課税価格の計算の基礎に算入すべき当該特例受贈非上場株式等の価額については，当該贈与者から同項の規定の適用に係る前の贈与（当該経営承継受贈者に係る贈与者又は当該経営承継受贈者の同項の規定の適用に係る贈与前に同項の規定の適用に係る特例受贈非上場株式等につき第70条の７第16項（第３号に係る部分に限る。）の規定の適用に係る贈与をした他の経営承継受贈者のうち最も古い時期に同条第１項の規定の適用を受けていた者に対する当該特例受贈非上場株式等

の贈与をいう。）により当該贈与者又は当該他の経営承継受贈者が取得をした特例受贈非上場株式等の当該前の贈与の時における価額（同条第2項第5号の特例受贈非上場株式等の価額をいう。）を基礎として計算するものとする。

村木）こういうところで手を抜いて幸せになった人はいません。条文の読替え規定は，読替え後の条文を自分で作成するのが鉄則だと思ってください。

白井）そうすると，結局，この読替えにより，どの贈与者が亡くなったときに，相続又は遺贈により取得したものとみなすとの規定が始動するのですか。

$$\underset{父}{1} \Longrightarrow \underset{長男}{2} \Longrightarrow \underset{次男}{3}$$

村木）例えば，父から長男に贈与税の納税猶予により非上場株式等が贈与され，経営贈与承継期間後に長男から次男に贈与税の納税猶予により非上場株式等が贈与されたとの場面を前提にします。1項の書き出しは，「第70条の7第1項の規定の適用を受ける同条第2項第3号に規定する経営承継受贈者に係る贈与者が死亡した場合」となっています。

内藤）この「係る贈与者」を「係る前の贈与者」と読み替えるのですね。村木さんの事例だと「係る贈与者」が長男であり，「係る前の贈与者」が父となるのですね。

岡野）そのとおりです。もし，4代に続き贈与税の納税猶予制度を適用していた場合には，#8により，「当該経営承継受贈者に係る贈与者又は当該経営承継受贈者の同条第1項の規定の適用に係る贈与前に同項の規定の適用に係る特例受贈非上場株式等につき同条第16項（第3号に係る部分に限る。）の規定の適用に係る贈与をした他の経営承継受贈者のうち最も古い時期に同条第1項の規定の適用を受けていた者に当該特例受贈非上場株式等の贈与をした者をい

う。」とされていますから，一番最初に贈与税の納税猶予を受けた際の贈与者が，ここでいう「係る前の贈与者」にあたります。つまりは，先の事例で4代に続いて適用を受けていた場合には，父が「係る前の贈与者」ということです。

$$
\begin{array}{cccc}
1 & 2 & 3 & 4 \\
父 \Longrightarrow & 長男 \Longrightarrow & 次男 \Longrightarrow & 三男
\end{array}
$$

白井）つまり，猶予した贈与税額は，一番最初に納税猶予を適用したときの贈与者が亡くなったときに初めて，相続税で精算をすればよいということなのですね。

濱田）では，最も古い贈与者が死亡した際に，相続又は遺贈により取得したものとみなされる受贈者は誰になるのですか。村木さんの事例でいうと，長男ですか，それとも次男になるのでしょうか。

$$
\begin{array}{ccc}
1 & 2 & 3 \\
父 \Longrightarrow & 長男 \Longrightarrow & 次男
\end{array}
$$

村木）該当部分は，租税特別措置法70条の7の3第1項の「当該経営承継受贈者が当該贈与者から相続により〜（略）〜特例受贈非上場株式等の取得をしたものとみなす。」という部分です。ここでいう「当該経営承継受贈者」が誰のことを指すのかが論点となります。

内藤）「当該××」という表現は，その直前に同じ用語を使っている場合に，「その××」として特定したうえで引用するための用法です。この場合は，通常は，次男を指すのでしょう。

岡野）「通常」といったのは，通常ではない場合があるからですね。例えば，長男から次男への贈与が全所有株式ではなく，一部を手元に残していたまま，父の相続が発生した場合には，どうなりますか。

白井）その場合には，長男も次男も経営承継受贈者として，相続又は遺贈により取得したことになるのですね。

濱田）なるほど。この自社株納税猶予制度については，実務上，どのように位置づけておけばいいのでしょうか。

村木）贈与時の価額固定効果という意味では，相続時精算課税制度と同様です。さらに，相続時精算課税のような特別控除枠がなく，20％税率による課税もないのは，魅力ですね。金額の大きな案件では，検討すべき場合があるのでしょう。ただ，顧問税理士として，継続的な管理を行うのは，打ち切り事由を考えると気が重い面もありますね。

内藤）平成27年改正では，親族外の承継も制度の対象となりましたので，この制度のメリットは結構あると思います。打ち切り事由に該当しそうな場合の助言義務などは，確かにいやらしいのですが。

岡野）私の場合は，やってはいけない事由を一覧表にして，常に目に入るところに貼っておいてくださいとお願いしています。内容説明は省略しますが，参考のために，一覧表も載せておきますね。

納税猶予期限の確定事由（相続税）】

○経営承継相続人等に係るもの

確定事由
1．認定承継会社の代表権を有しないこととなった場合
2．同族関係者と合わせて有する議決権の数が，総株主等議決権数の50％未満となった場合（贈与税の納税猶予を受ける贈与をしたことによる場合を除く。）
3．同族関係者内で筆頭株主でなくなった場合（贈与税の納税猶予を受ける贈与をしたことによる場合を除く。）
4．特例非上場株式等の一部の譲渡等をした場合（注1）
5．特例非上場株式等の全部の譲渡等をした場合
6．納税猶予の適用をやめる旨の届出をした場合

○認定承継会社に係るもの

確定事由		
1．常時使用従業員の5年平均の数が相続開始時の80％未満となった場合		
2．会社分割をした場合 （吸収分割承継会社等の株式等を配当財産とする剰余金の配当があった場合に限る。）		
3．組織変更をした場合 （認定承継会社の株式等以外の財産の交付があった場合に限る。）		
4．解散した場合		
5．資産保有型会社又は資産運用型会社に該当した場合（事業実態がある場合を除く。）		
6．総収入金額（営業外収益・特別利益を除く。）がゼロとなった場合		
7．減資をした場合（欠損填補目的等を除く。）		
8．準備金の減少をした場合（欠損填補目的等を除く。）		
9．合併により消滅した場合	〔経営承継期間内〕 　適格合併（注2）を除く合併により消滅した場合が該当	
	〔経営承継期間経過後〕 　吸収合併存続会社等株式等に対応する猶予中相続税額を除く。	
10．株式交換等により完全子会社となった場合	〔経営承継期間内〕 　適格株式交換等（注3）を除く株式交換完全子会社となった場合が該当	
	〔経営承継期間経過後〕 　親会社株式等に対応する猶予中相続税額を除く。	
11．上場会社となった場合		
12．風俗営業会社となった場合		
13．特定特別子会社が風俗営業会社となった場合		

14.	黄金株を経営承継相続人等以外の者が有することとなった場合
15.	経営承継相続人等の有する株式の議決権を制限した場合

○その他

確定事由
1. 継続届出書が提出期限までに所轄税務署長に提出されなかった場合
2. 税務署長の担保変更命令に応じなかった場合
3. 継続届出書に記載された事項と相違する事実が判明した場合
4. 経営承継相続人等の相続税等の負担が不当に減少する結果となると認められる場合

(注1) 経営承継期間後は譲渡した株式等に対応する猶予中相続税額が打ち切られる。
(注2) 適格合併とは、経営承継相続人等が合併法人の代表権を有していることなど、租税特別措置法施行規則23条の10第17項の要件のすべてを満たしている合併をいう。
(注3) 適格株式交換等とは、経営承継相続人等が親会社と認定贈与承継会社の代表権を有していることなど、租税特別措置法施行規則23条の10第18項の要件のすべてを満たしている株式交換等をいう。
※ 網掛け部分：経営承継期間経過後も期限確定事由となるもの。

内藤）この表に頼らず，最後は条文で確認をするのが基本中の基本だということは，くれぐれもお願いしておきたいと思います。

白井）価額固定効果が裏目にならないと思える会社であれば，前向きに検討してもよいのかもしれませんね。

3 租税特別措置法70条の7の5〜70条の7の7
医療法人の相続税・贈与税納税猶予関係

1）条文名

租税特別措置法70条の7の5

租税特別措置法70条の7の6

租税特別措置法70条の7の7

（医療法人の持分に係る経済的利益についての贈与税の納税猶予及び免除）

第70条の7の5 認定医療法人（#1）の持分を有する個人（#2）が当該持分の全部又は一部の放棄をしたことにより，当該認定医療法人の持分を有する他の個人（#3）に対して贈与税が課される場合には，当該受贈者の当該放棄があつた日の属する年分の贈与税で相続税法第28条第1項の規定による期限内申告書（#4）の提出により納付すべきものの額のうち，当該放棄により受けた利益（#5）の価額で当該贈与税の申告書にこの項の規定の適用を受けようとする旨の記載があるものに係る納税猶予分の贈与税額（#6）に相当する贈与税については，政令で定めるところにより当該年分の贈与税の申告書の提出期限までに当該納税猶予分の贈与税額に相当する担保を提供した場合に限り，同法第33条の規定にかかわらず，認定移行計画に記載された移行期限まで，その納税を猶予する。

（略）

#1 地域における医療及び介護の総合的な確保を推進するための関係法律の整備等に関する法律（平成26年法律第83号）附則第1条第2号に掲げる規定の施行の日（以下第70条の7の9までにおいて「平成26年改正医療法施行日」という。）から起算して3年を経過する日までの間に厚生労働大臣認定を受けた医療法人に限る。

#2 第4項において「贈与者」という。

#3 以下この条において「受贈者」という。

#4 当該期限内申告書の提出期限前に当該受贈者が死亡した場合には，当該受贈者の相続人（包括受遺者を含む。以下この条において同じ。）が提出する同法第28条第2項の規定による期限内申告書を含む。以下第70条の7の7までにおいて「贈与税の申告書」という。

#5 以下第70条の7の7までにおいて「経済的利益」という。

＃6　当該経済的利益の価額を当該受贈者に係る当該年分の贈与税の課税価格とみなして，同法第21条の5及び第21条の7の規定（第70条の2の4及び第70条の2の5の規定を含む。）を適用して計算した金額をいう。以下この条において同じ。

（医療法人の持分に係る経済的利益についての贈与税の税額控除）
第70条の7の6　認定医療法人（＃7）の持分を有する個人（＃8）が当該持分の全部又は一部の放棄をしたことにより，当該認定医療法人の持分を有する他の個人（＃9）に対して贈与税が課される場合において，当該受贈者が当該放棄の時から当該放棄による経済的利益に係る贈与税の申告書の提出期限までの間にその有する当該認定医療法人の持分の全部又は一部を財務省令で定めるところにより放棄したときは，当該受贈者については，相続税法第21条の5から第21条の8までの規定（＃10）により計算した金額から放棄相当贈与税額を控除した残額をもつて，その納付すべき贈与税額とする。

（略）

　　　＃7　平成26年改正医療法施行日から起算して3年を経過する日までの間に厚生労働大臣認定を受けた医療法人に限る。
　　　＃8　第4項において「贈与者」という。
　　　＃9　以下この条において「受贈者」という。
　　　＃10　第70条の2の4及び第70条の2の5の規定を含む。

（個人の死亡に伴い贈与又は遺贈があつたものとみなされる場合の特例）
第70条の7の7　次条第2項に規定する経過措置医療法人の持分を有する個人の死亡に伴い当該経過措置医療法人の持分を有する他の個人の当該持分の価額が増加した場合には，当該持分の価額の増加による経済的利益に係る相続税法第9条本文の規定の適用については，同条本文中「贈与（当該行為が遺言によりなされた場合には，遺贈）」とあるのは，「贈与」とする。この場合において，当該経済的利益については，同法第19条第1項の規定は，適用しない。

（略）

2）条文解釈上の論点

　先に，医療法との関係で，どの条文がどのような状況を想定しているかを理解しておく必要がある。

3) 条文における着目点

租税特別措置法70条の7の7の位置づけ。

4) 検　討

(1) 租税特別措置法７０条の７の５　医療法人の持分に係る経済的利益についての贈与税の納税猶予及び免除

内藤） この条文は，平成26年改正で新たに設けられたものであり，内容は，「医療法人の持分に係る経済的利益についての贈与税の納税猶予及び免除」について規定したものとなっています。

岡野） 医療法人版の事業承継税制といったところでしょうか。

白井） いや，自社株式の事業承継税制は，株式を後継者に譲り渡すことを前提としていますが，医療法人の納税猶予制度は，出資持分を放棄することを前提としているところに相違点があります。

岡野） 平成19年4月以降は出資持分のある医療法人の設立はできなくなっていますね。第5次の医療法改正です。既存の出資持分のある医療法人は，当分の間，経過措置型医療法人として存続することになっています。

【医療法における医療法人の類型分類】

濱田）しかし，平成18年の医療法改正後も，持分なし医療法人への移行は，ほとんど進んでいないようです。で，今回の改正は，経過措置型医療法人といわれる持分あり医療法人に対する移行促進政策だと説明した方がわかりやすいのかもしれません。

村木）さて，いよいよ条文の中身に触れていきたいと思います。当条文は，贈与税の納税猶予と免除について規定したものですが，このほかに相続税の納税猶予と免除のほか，税額控除の条文まで含めると，全部で5本の条文から医療法人の納税猶予制度が規定されていることになります。

白井）具体的には，70条の7の5〜70条の7の9までの条文ですね。

村木）はい。各条文のタイトルを書き出してみると，次のとおりとなります。
① 70条の7の5……医療法人の持分に係る経済的利益についての贈与税の納税猶予及び免除
② 70条の7の6……医療法人の持分に係る経済的利益についての贈与税の税額控除
③ 70条の7の7……個人の死亡に伴い贈与又は遺贈があつたものとみなされる場合の特例
④ 70条の7の8……医療法人の持分についての相続税の納税猶予及び免除
⑤ 70条の7の9……医療法人の持分についての相続税の税額控除

内藤）ここでとりあげるのは，70条の7の5ということですから，贈与税の納税猶予及び免除に関する規定なのですね。

濱田）はい。条文構成は至ってシンプルで，条文解釈に窮するということはないと思います。

岡野）具体的には，どのような内容になりますか。

白井）まず，贈与時点で認定医療法人であることが前提となりますが，その認定医療法人の持分を有する個人が，持分を放棄します。そうすると，他の出資者の持分価値が増加しますので，相続税法9条による，みなし贈与課税が生じることになります。

村木）ところが，申告期限までに担保を提供し，申告書に納税猶予制度を利用する旨の記載をすることにより，認定計画の移行期限まで，贈与税の納税が猶予されるわけです。

内藤）みなし贈与による贈与税の納税義務が生じるとしても，最終的には，持分そのものが消滅してしまうのですから，いわば，途中での一時的な現象に過ぎません。そこで，最終的に持分が消滅するまでは，納税猶予にしておいて，持分消滅時に，納税義務の免除を行うことで，担税力のない課税が生じないように配慮している制度だというわけです。

(2) **租税特別措置法70条の7の6　医療法人の持分に係る経済的利益についての贈与税の税額控除**

岡野）では，2つの目の条文を確認していきましょう。

内藤）前の条文は，「〜納税猶予及び免除」というタイトルがついていましたが，この条文のタイトルには，「納税猶予」という言葉は入っておらず，「〜税額控除」というタイトルになっているのですね。

濱田）医療法人の納税猶予を規定している一連の条文群にあって，「税額控除」とのタイトルには少し違和感を覚えますね。

村木）前条との違いは，みなし贈与の受贈者となる他の持分所有者が，その持分の全部又は一部を贈与税の申告期限までに放棄しているのか，していないのかです。

白井）贈与税の申告期限までに放棄している場合には，その放棄した持分に対応する贈与税額を，納付すべき贈与税額から控除させるというのが，本条文が規定している内容ですね。

岡野）そうですね。前条では，贈与税の申告期限までに，みなし贈与の受贈者が，自身の出資持分を放棄するまでには至らず，一旦，納税猶予を受けるのですが，その後，移行期限までに放棄をすることによって，その放棄した持分に対応する贈与税額の免除を受けるという内容になっています。

濱田）なるほど。条文の読み方は至ってシンプルです。条文解釈上で，疑義が生じるような部分は特にないようですね。ただ，前条文との使い分けはどうなるのでしょうか。

内藤）すぐに出資持分の放棄を自分が行う場合には，贈与税の税額控除を受ければよいわけです。しかし，実務では，全員が最後に揃って，出資持分の放棄をするのが通例です。恐らく，多くの場合には，前条文の納税猶予制度が使われるのだと思います。

(3) 租税特別措置法70条の7の7　個人の死亡に伴い贈与又は遺贈があったものとみなされる場合の特例

岡野）では，3つ目の条文に入っていきたいと思います。医療法人の納税猶予及び免除に関連する5つの条文群のうち，既に2つの条文を見てきたところですが，ここまでは，特に難しい論点は出てきませんでしたね。

内藤）条文の読み方としては，疑義が生じるような部分はありませんでした。残り2つの条文についても，前の2つの条文と対になっていて，前2つが贈与税の「納税猶予及び免除」と「税額控除」であり，後2つが相続税の「納税猶予及び免除」と「税額控除」という構成になっています。

白井）当条文は，贈与税と相続税のちょうど真ん中に位置しているわけですね。どちらの税目に関する規定なのでしょうか。

村木）良い質問ですね。本条文は，本来は相続税の課税関係が生じるケースについて，一定の要件を満たすことにより，贈与税の課税関係が生じるように読替え規定が置かれているものです。

濱田）まず，最初の書き出しで，「次条第2項に規定する経過措置型医療法人」とありますが，これは持分ありの医療法人のことを指しており，平成19年4月1日より前に設立された法人を指すことになります。

内藤）次に，ある持分所有者の死亡によって，他の持分所有者の持分価額が増加することがこの条文の適用要件となっています。

岡野）相続又は遺贈によって，死亡した持分所有者の持分を直接他の持分所有者に移動するケースを想定しているわけではないですね。

白井）はい。そのようなケースは，次に続く2つの条文で規定されています。よって，ここでは，持分の移動がないにもかかわらず，残存出資者の持分が自動的に増加するようなケースが想定されているというわけです。

濱田）具体的にはどのようなケースがこの条文の射程範囲に入ってくるのですか。

村木）例えば，出資額限度法人である医療法人の持分を有する個人の死亡に伴い，相続人が出資額を払い出した場合に，出資額を超える部分が間接的に他の出資者に帰属する結果，経済的利益を受けることになるケースです。

内藤）そのほか，遺言により持分を放棄した場合にも，放棄した持分が，同様に，間接的に残存出資者の持分を増加させることになります。

濱田）なるほど。上記のケースが生じた場合には，通常は，相続税法9条が適用されることになりますよね。

> （贈与又は遺贈より取得したものとみなす場合－その他の利益の享受）
> 第9条　第5条から前条まで及び次節に規定する場合を除くほか，対価を支払わないで，又は著しく低い価額の対価で利益を受けた場合においては，当該利益を受けた時において，当該利益を受けた者が，当該利益を受けた時における当該利益の価額に相当する金額（対価の支払があつた場合には，その価額を控除した金額）を当該利益を受けさせた者から贈与（当該行為が遺言によりなされた場合には，遺贈）により取得したものとみなす。（略）

岡野）そうですね。上記の具体例で，9条がどのように関わってくるのか詳しく解説していきましょうか。まず，出資額限度法人の出資者が死亡した場合についてはどのような課税関係となるのでしょうか。

白井）出資額限度法人の出資者が死亡した場合には，遺族に対し，出資額までの払い戻しが行われます。これは，遺言によりなされた行為ではありませんから，遺贈に読み替える必要はありませんね。

内藤）そうですね。遺贈ではなく，贈与と判断できますから，9条の適用により，残存出資者には，みなし贈与課税が行われることになります。

村木）もし，残存出資者のうちに，死亡した出資者の相続人がいる場合には，

相続開始前3年以内の贈与財産として，相続税法19条により，相続財産への持ち戻しが行われるのですね。

岡野）なるほど。そうすると，残存出資者の属性によって，贈与税が課税される場合と相続税が課税される場合の両方が有り得るということになるわけですね。

濱田）いえ，70条の7の7では，「この場合において，当該経済的利益については，同法第19条第1項の規定は，適用しない。」としていますので，相続税の課税は生じないということになります。

岡野）残存出資者の属性にかかわらず，常に贈与税課税で完結するというわけですね。

白井）では，遺言により持分を放棄した場合には，9条の課税関係はどうなりますか。

村木）この措置法条文を適用しない場合，「（当該行為が遺言によりなされた場合には，遺贈）」との括弧書きにより，既存出資者が，持分の増加分を放棄者から遺贈により取得したものとみなされます。この場合には，相続税の課税関係になるわけです。

内藤）しかし，70条の7の7では，「同条本文中「贈与（当該行為が遺言によりなされた場合には，遺贈）」とあるのは，「贈与」とする。」と規定されていますので，たとえ，遺言による持分の放棄であっても，遺贈とはならず，常に贈与により取得したものとされます。結果，相続税ではなく，贈与税の課税関係となります。

濱田）さらに、これら1項の規定が適用されるのは、2項の規定により、70条の7の5と70条の7の6の規定の適用を選択した場合にのみ適用されるというのを理解しておく必要があります。

> 第70条の7の7
> 3 第1項の規定は、同項の他の個人が前項の規定により前2条の規定の適用を選択した場合を除き、適用しない。

村木）つまり、この規定は、次の2項にあるように、遺言による出資持分の放棄が行われた場合に、相続税の課税関係ではなく、前2条の贈与税の納税猶予・免除あるいは税額控除特例が利用できるようにした、スイッチ規定だということなのですね。この条文だけを読むと、意味が分かりませんが、前の2つの条文とセットで理解しておくべき規定です。

白井）もう1つ、出資額限度法人における退社払戻しの場合にも、前2条の制度が使えるということも、失念しないようにする必要がありますね。

岡野）2項には、相続税の課税関係が生じるケースでも、条文で贈与とみなすことにより、「贈与税の納税猶予」または「贈与税の税額控除」の規定を適用させると書いてあるのですね。

【認定医療法人関係租税特別措置法条文のまとめ】

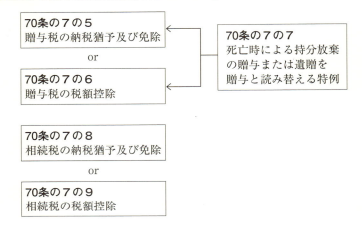

白井）注意してほしいのは，贈与税の申告期限までに認定医療法人となっていれば，贈与税の納税猶予もしくは税額控除が受けられる規定になっていることです。

> **第70条の7の7**
> 2　前項前段に規定する場合において，同項の経過措置医療法人が同項の経済的利益に係る贈与税の申告書の提出期限において認定医療法人（#1）であるときは，同項の他の個人は，当該経済的利益について，前2条の規定の適用を受けることができる。この場合において，同項の死亡した個人は第70条の7の5第1項又は前条第1項に規定する贈与者と，当該他の個人はこれらの規定に規定する受贈者とみなす。
> 　　#1　平成26年改正医療法施行日から起算して3年を経過する日までの間に厚生労働大臣認定を受けた医療法人に限る。

村木）面白いですね。贈与時に認定医療法人になっていなくても，贈与税の申告期限までに認定医療法人になっていれば，持分なし医療法人への移行まで贈与税が猶予されるか，税額控除されるというわけですか。

内藤）前２条では，贈与時点で認定医療法人であることが要求されているのに，こちらの場合は，贈与税の申告期限まで延びるわけですね。人の死ぬ時期はいつになるか分かりませんから，やむを得ないのでしょうね。

濱田）なお，２項の規定は任意規定です。強制適用されるわけではありません。

岡野）きちんと納税者側で選択しておかないとダメだということですね。よほど金額が少なくて，相続税が非課税になる場合以外は，贈与税に乗換しておくのが実務になるのでしょう。

(4)　70条の７の８・70条の７の９

白井）残り２つ，相続税の納税猶予・免除と税額控除に関する条文は，基本的に，前の２つ贈与税の納税猶予・免除と税額控除に関する条文と，同じ構造です。違うのは，相続税の場合には，相続開始後に認定医療法人になればよいとされている点だけです。

岡野）条文そのものは，それほど難しくありませんでしたが，想定している場面状況を想像できないと，理解が難しい条文だといえそうですね。
　なお，本制度を理解する前提として，医療法人の出資持分関係で，厚生労働省が国税庁に文書照会を行った回答が２つほどありますので，そちらを確認しておくことが必須でしょう。

- 出資持分の定めのある社団医療法人が特別医療法人に移行する場合の課税関係について（回答日　平成17年４月27日）
http://www.nta.go.jp/shiraberu/zeiho-kaishaku/bunshokaito/shotoku/050427/01.htm
- 持分の定めのある医療法人が出資額限度法人に移行した場合等の課税関係について（回答日　平成16年６月16日）
http://www.nta.go.jp/shiraberu/zeiho-kaishaku/bunshokaito/shotoku/040616/02.htm

《著者紹介》

村木　慎吾（むらき　しんご）

税理士
昭和55年11月21日大阪府八尾市生まれ。
税理士法人ゆびすい，税理士法人トーマツ（現デロイトトーマツ税理士法人）勤務後，村木税理士事務所開業。

主な著書
『連結納税の鉄則30（申告書からみた税務調査対策シリーズ）』（共著）中央経済社
『税理士が勧める院長の事業承継』（共著）大蔵財務協会
『国際的二重課税排除の制度と実務 第3版 外国税額控除制度・外国子会社配当金益金不算入制度』（共著）法令出版

内藤　忠大（ないとう　ただひろ）

税理士
昭和45年6月2日静岡県湖西市生まれ。
大原簿記専門学校横浜校講師，神野博史会計事務所勤務後，内藤税理士事務所開業。

主な著書
『消費税の鉄則30（申告書からみた税務調査対策シリーズ）』（共著）中央経済社
『会社分割実務必携』（共著）法令出版

濱田　康宏（はまだ　やすひろ）

税理士・公認会計士
昭和41年11月29日広島県福山市生まれ。
太田昭和監査法人（現新日本監査法人）東京事務所勤務後，濱田会計事務所（広島県福山市）にて副所長就任，平成19年より所長就任。

主な著書
『役員給与・使用人給与（法人税の実務Q&Aシリーズ）』中央経済社
『法人税の鉄則50（申告書からみた税務調査対策シリーズ）』（共著）中央経済社
『少額債権の管理・保全・回収の実務』（共著）商事法務

《著者紹介》

岡野　訓（おかの　さとる）

税理士
昭和44年7月21日熊本県天草郡苓北町生まれ。
株式会社肥後銀行，隈部会計事務所を経て独立。
現在，税理士法人さくら優和パートナーズの代表社員を務める。

主な著書
『実務目線からみた事業承継の実務』（共著）大蔵財務協会
『税理士が勧める院長の事業承継』（共著）大蔵財務協会
『相続税の鉄則50（申告書からみた税務調査対策シリーズ）』（共著）中央経済社
『実践／一般社団法人・信託活用ハンドブック』（共著）清文社

白井　一馬（しらい　かずま）

税理士
昭和47年大阪府藤井寺市生まれ。
平成15年6月税理士登録。
石川公認会計士事務所（現・税理士法人STM総研），税理士法人ゆびすいを経て，平成22年2月白井税理士事務所開設。

主な著書
『顧問税理士のための相続事業承継スキーム発想のアイデア60』中央経済社
『小規模宅地等の特例（税理士のための相続税の実務Q&Aシリーズ）』中央経済社
『相続税の鉄則50（申告書からみた税務調査対策シリーズ）』（共著）中央経済社

「むずかしい税法条文」攻略本

2016年11月20日　第1版第1刷発行
2017年1月10日　第1版第2刷発行

著者　濱田　康宏
　　　濱岡　白井　一継
　　　村内　藤田　野
　　　木慎　忠康
　　　吾大宏訓馬

発行者　山本　継
発行所　㈱中央経済社
発売元　㈱中央経済グループ
　　　　パブリッシング

〒101-0051　東京都千代田区神田神保町1-31-2
電話　03 (3293) 3371（編集代表）
　　　03 (3293) 3381（営業代表）
http://www.chuokeizai.co.jp/
印刷／昭和情報プロセス㈱
製本／㈱関川製本所

©2016
Printed in Japan

＊頁の「欠落」や「順序違い」などがありましたらお取り替えいたしますので発売元までご送付ください。（送料小社負担）
ISBN978-4-502-20341-1　C3034

JCOPY〈出版者著作権管理機構委託出版物〉本書を無断で複写複製（コピー）することは，著作権法上の例外を除き，禁じられています。本書をコピーされる場合は事前に出版者著作権管理機構（JCOPY）の許諾を受けてください。
JCOPY〈http://www.jcopy.or.jp　eメール：info@jcopy.or.jp　電話：03-3513-6969〉

申告書からみた税務調査対策シリーズ
日本税理士会連合会 編

> 税務調査で問題になりやすい項目・絶対に押さえるべき申告書のチェックポイントを網羅。
> これだけは！という「鉄則」を解説。

法人税の鉄則50
濱田康宏・岡野　訓・内藤忠大・白井一馬・村木慎吾 著

■中小企業でも最低限理解しておく必要がある法人税の基本中の基本を網羅。

国際税務の鉄則30
村木慎吾・山本祥嗣 著

■国外取引や海外進出にあたって必要不可欠な国際税務の要点を紹介。

連結納税の鉄則30
村木慎吾・石井幸子 著

■連結納税適用会社または適用予定の会社に不可欠な税制の要点を紹介。

再編税制の鉄則30
村木慎吾・岡野　訓 著

■組織再編の実施の際、理解しておく必要がある税制と実務の要点を紹介。

消費税の鉄則30
内藤忠大・石井幸子 著

■法人税とともに重要な消費税について最低限理解する必要がある項目を紹介。

相続税の鉄則50
白井一馬・岡野　訓・佐々木克典 著

■事業承継にもかかわる相続税について最低限理解する必要がある項目を紹介。

中央経済社

● 実務・受験に愛用されている読みやすく正確な内容のロングセラー！

定評ある税の法規・通達集シリーズ

所得税法規集
日本税理士会連合会 編
中央経済社

❶所得税法 ❷同施行令・同施行規則・同関係告示 ❸租税特別措置法(抄) ❹同施行令・同施行規則(抄) ❺震災特例法・同施行令・同施行規則(抄) ❻復興財源確保法(抄) ❼復興特別所得税に関する政令・同省令 ❽災害減免法・同施行令(抄) ❾国外送金等調書提出法・同施行令・同施行規則・同関係告示

所得税取扱通達集
日本税理士会連合会 編
中央経済社

❶所得税取扱通達（基本通達／個別通達） ❷租税特別措置法関係通達 ❸国外送金等調書提出法関係通達 ❹災害減免法関係通達 ❺震災特例法関係通達 ❻索引

法人税法規集
日本税理士会連合会 編
中央経済社

❶法人税法 ❷同施行令・同施行規則・法人税申告書一覧表 ❸減価償却耐用年数省令 ❹法人税法関係告示 ❺地方法人税法・同施行令・同施行規則 ❻租税特別措置法(抄) ❼同施行令・同施行規則(抄) ❽震災特例法・同施行令・同施行規則(抄) ❾復興財源確保法(抄) ❿復興特別法人税に関する政令・同省令 ⓫租特透明化法・同施行令・同施行規則

法人税取扱通達集
日本税理士会連合会 編
中央経済社

❶法人税取扱通達（基本通達／個別通達） ❷租税特別措置法関係通達（法人税編） ❸連結納税基本通達 ❹租税特別措置法関係通達（連結納税編） ❺減価償却耐用年数省令 ❻機械装置の細目と個別年数 ❼耐用年数の適用等に関する取扱通達 ❽震災特例法関係通達 ❾復興特別法人税関係通達 ❿索引

相続税法規通達集
日本税理士会連合会 編
中央経済社

❶相続税法 ❷同施行令・同施行規則・同関係告示 ❸土地評価審議会令・同省令 ❹相続税法基本通達 ❺財産評価基本通達 ❻相続税法関係個別通達 ❼租税特別措置法(抄) ❽同施行令・同施行規則(抄) ❾租税特別措置法（相続税法の特例）関係通達 ❿震災特例法・同施行令・同施行規則(抄)・同関係告示 ⓫震災特例法関係通達 ⓬災害減免法・同施行令・同施行規則 ⓭国外送金等調書提出法・同施行令・同施行規則・同関係告示 ⓮民法(抄)

国税通則・徴収・犯則法規集
日本税理士会連合会 編
中央経済社

❶国税通則法 ❷同施行令・同施行規則・同関係告示 ❸同関係通達 ❹租税特別措置法・同施行令・同施行規則(抄) ❺国税徴収法 ❻同施行令・同施行規則 ❼国税徴収法基本通達 ❽同施行令・同施行規則 ❾税理士法・同施行令・同施行規則・同関係告示 ❿電子帳簿保存法・同施行令・同施行規則・同関係告示 ⓫行政手続オンライン化法・同国税関係法令に関する省令・同関係告示 ⓬行政手続法 ⓭行政不服審査法 ⓮行政事件訴訟法(抄) ⓯組織的犯罪処罰法(抄) ⓰没収保全と滞納処分との調整令 ⓱犯罪収益規則(抄) ⓲麻薬特例法(抄)

消費税法規通達集
日本税理士会連合会 編
中央経済社

❶消費税法 ❷同別表第三等に関する法令 ❸同施行令・同施行規則・同関係告示 ❹消費税法基本通達 ❺消費税申告書様式等 ❻消費税法関係取扱通達等 ❼租税特別措置法(抄)・同施行令・同施行規則(抄)・同関係通達 ❽消費税転嫁対策法・同ガイドライン ❾震災特例法・同施行令(抄)・同関係告示 ❿震災特例法関係通達 ⓫税制改革法等 ⓬地方税法(抄) ⓭同施行令・同施行規則(抄) ⓮所得税・法人税政省令(抄) ⓯輸徴法令(抄) ⓰関税法令(抄) ⓱関税定率法令(抄)

登録免許税・印紙税法規集
日本税理士会連合会 編
中央経済社

❶登録免許税法 ❷同施行令・同施行規則 ❸租税特別措置法・同施行令・同施行規則(抄) ❹震災特例法・同施行令・同施行規則(抄) ❺印紙税法 ❻同施行令・同施行規則 ❼印紙税法基本通達 ❽租税特別措置法・同施行令・同施行規則(抄) ❾印紙税額一覧表 ❿震災特例法・同施行令・同施行規則(抄) ⓫震災特例法関係通達等

中央経済社